Be Different
Sketch your style

FASHION SKETCHBOOK

FOR FASHION DESIGNER AND ILLUSTRATORS

Sketchbook information

This sketchbook belongs to :

_____

Sketchbook no :

Continued from sketchbook no :

Continued to sketchbook no :

_____

In case of loss, please contact

Mobile number :

Email :

Sketch your style

Be Different

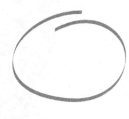

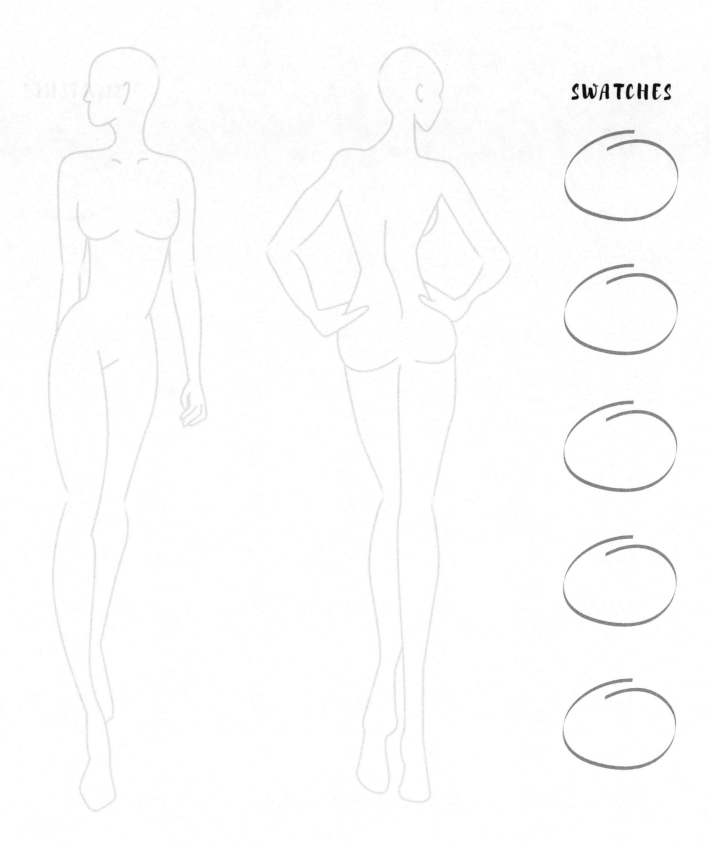

SWATCHES

SWATCHES

SWATCHES

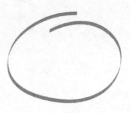

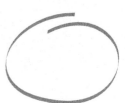

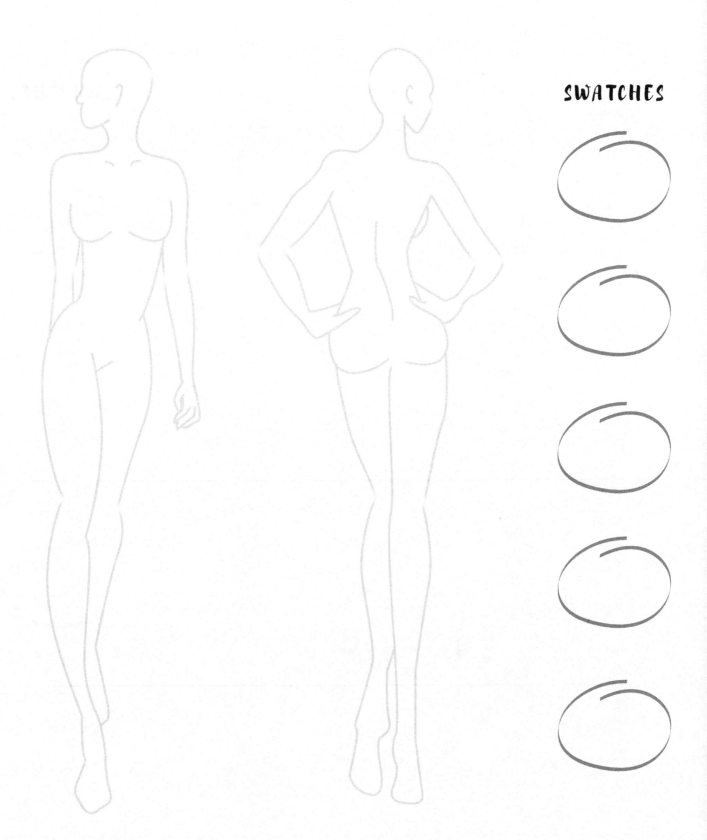

SWATCHES

SWATCHES

SWATCHES

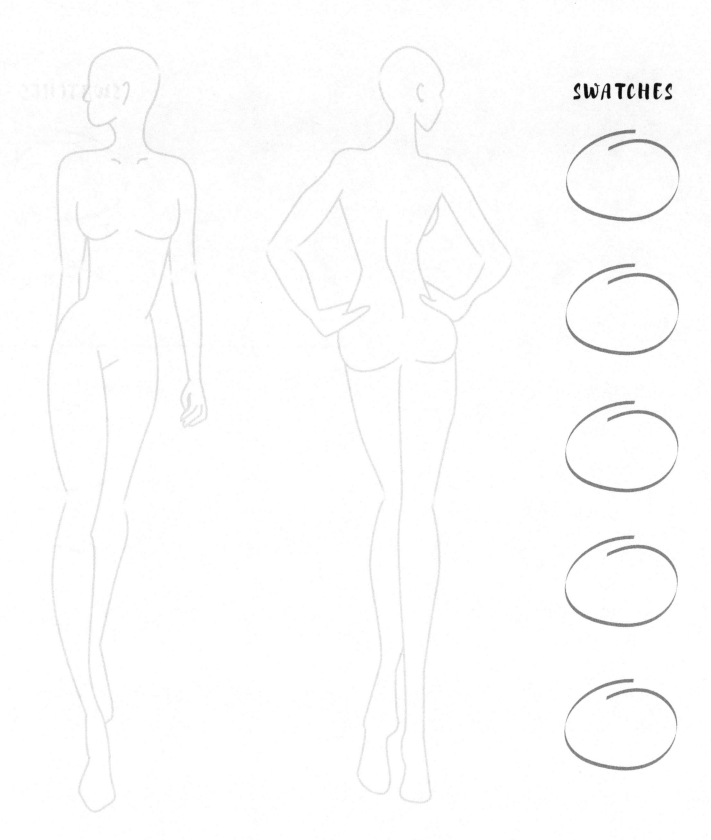

SWATCHES

SWATCHES

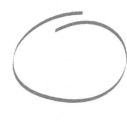

SWATCHES

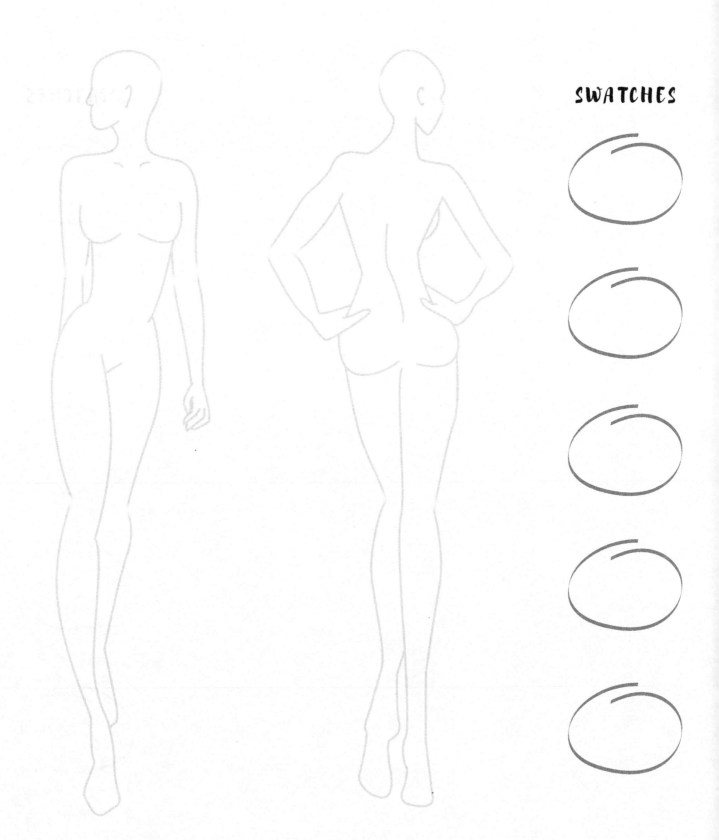

SWATCHES

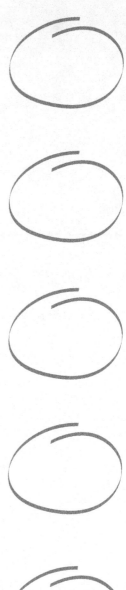

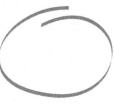

SWATCHES

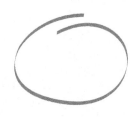

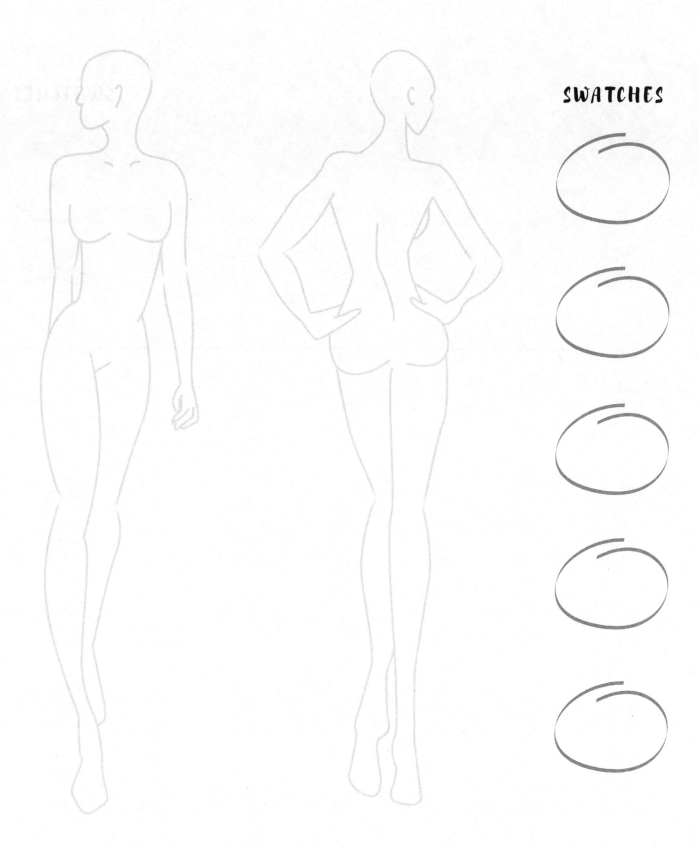

SWATCHES

SWATCHES

SWATCHES

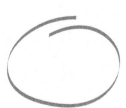

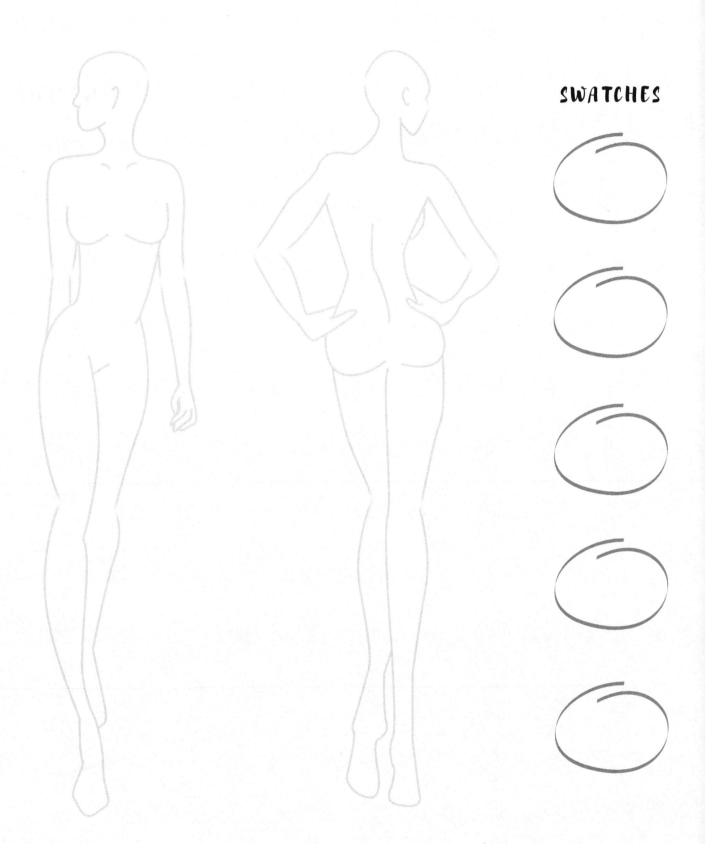

SWATCHES

SWATCHES

SWATCHES

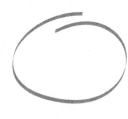

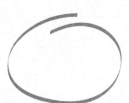

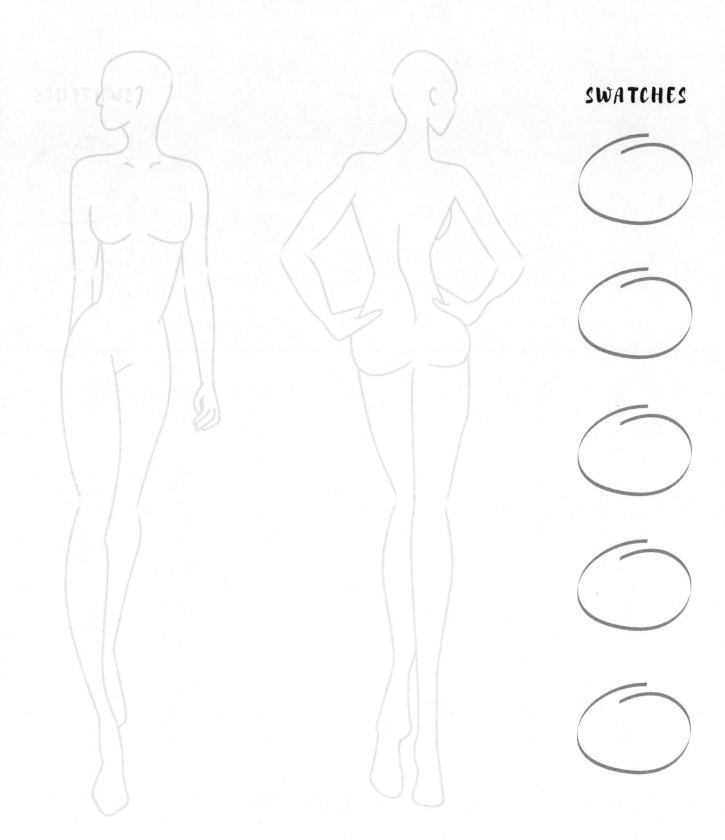

SWATCHES

SWATCHES

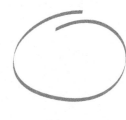

SWATCHES

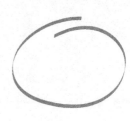

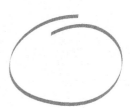

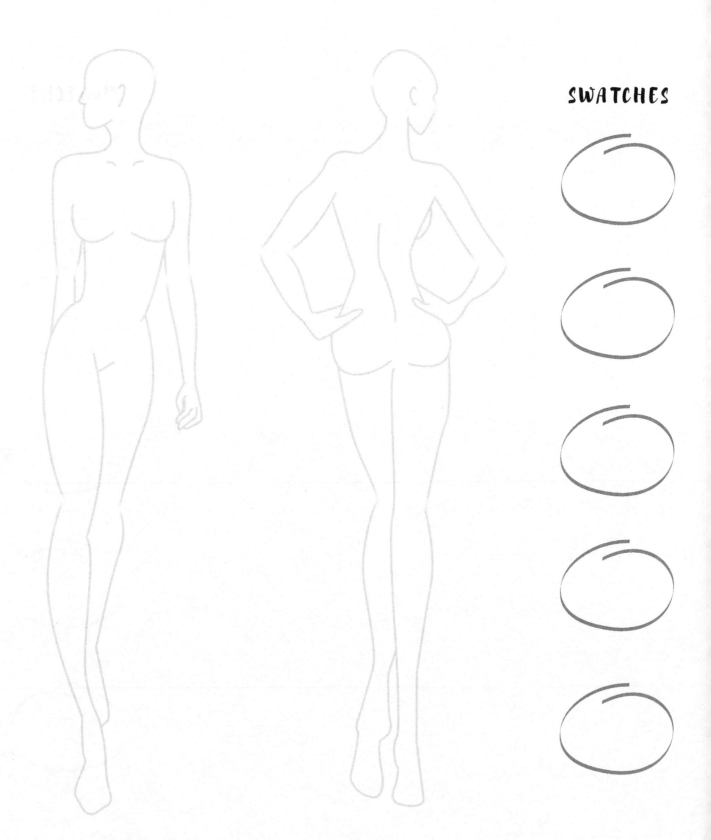

SWATCHES

SWATCHES

SWATCHES

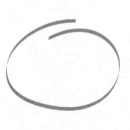

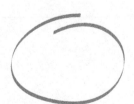

SWATCHES

SWATCHES

SWATCHES

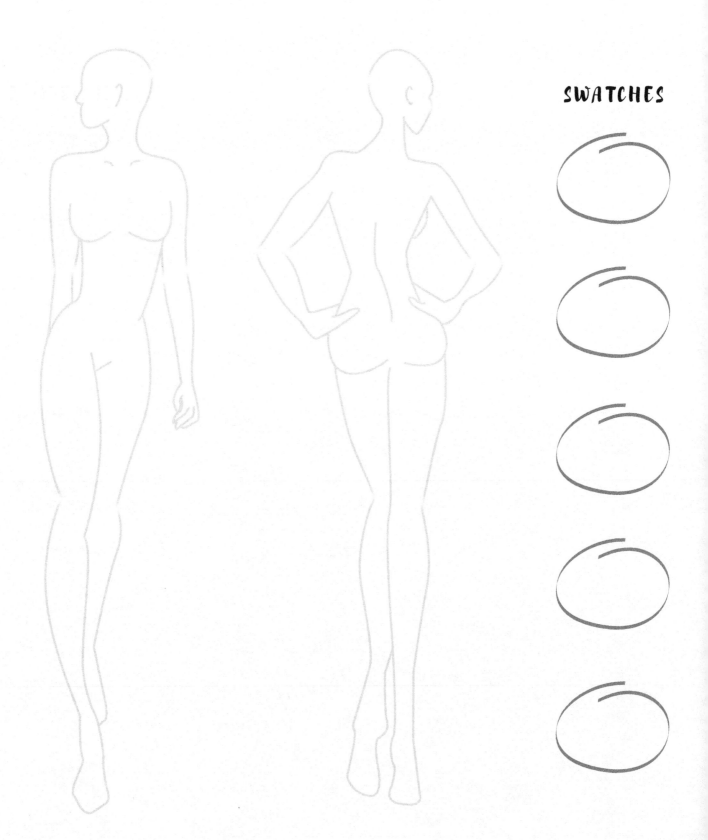

SWATCHES

SWATCHES

SWATCHES

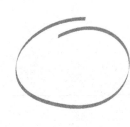

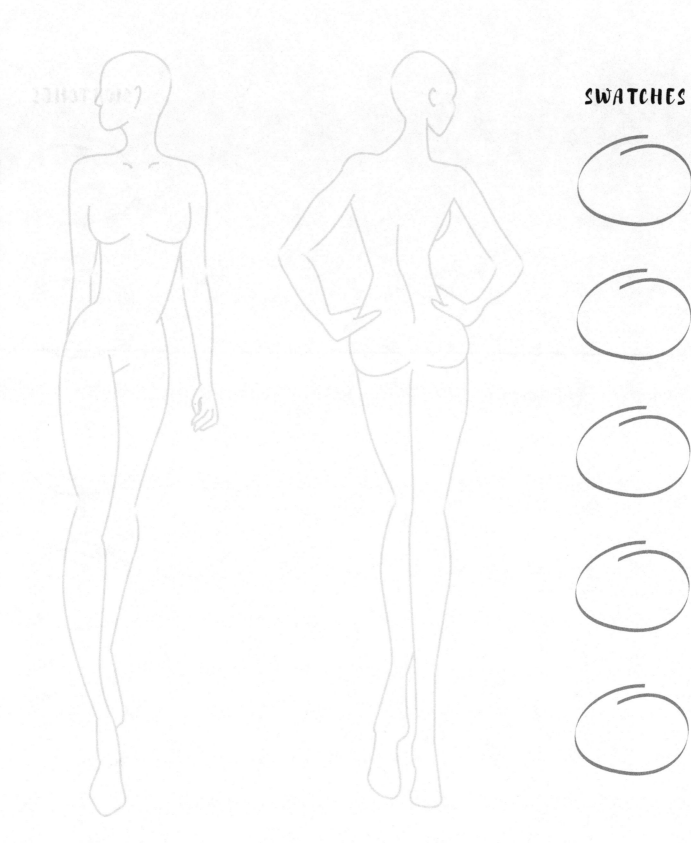

SWATCHES

SWATCHES

SWATCHES

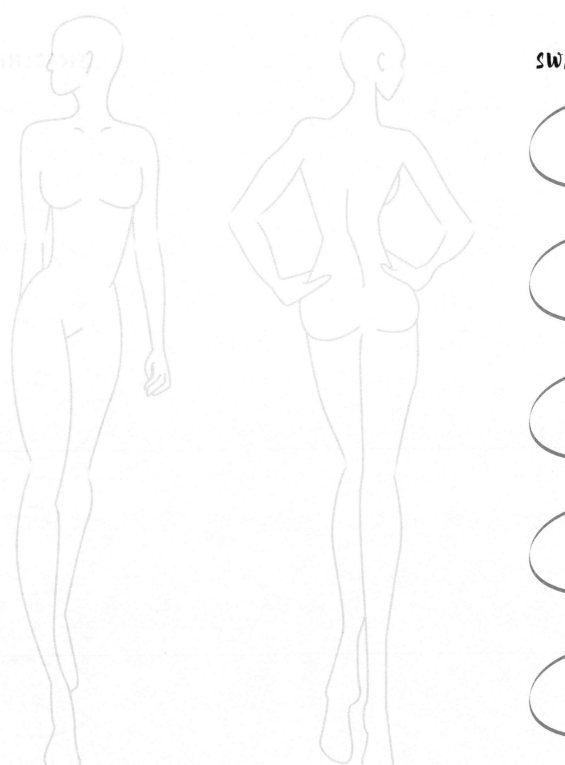

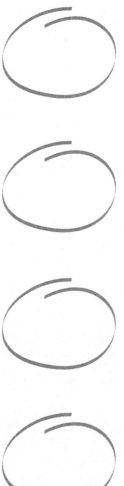

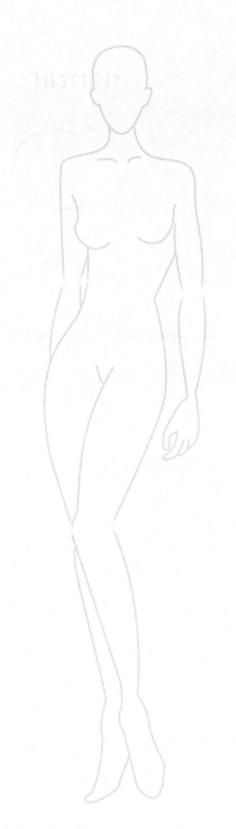

SWATCHES

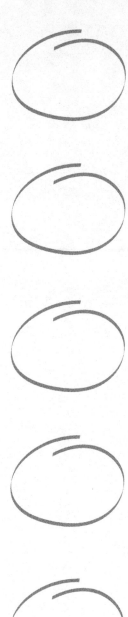

SWATCHES

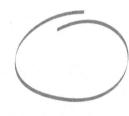

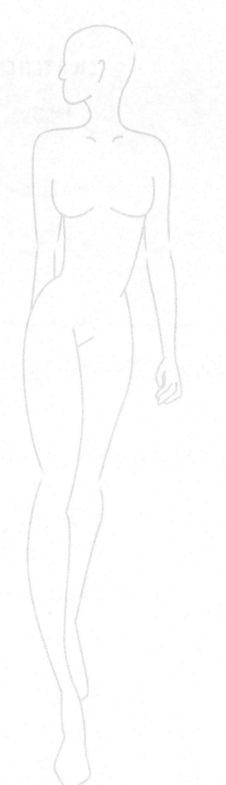

SWATCHES

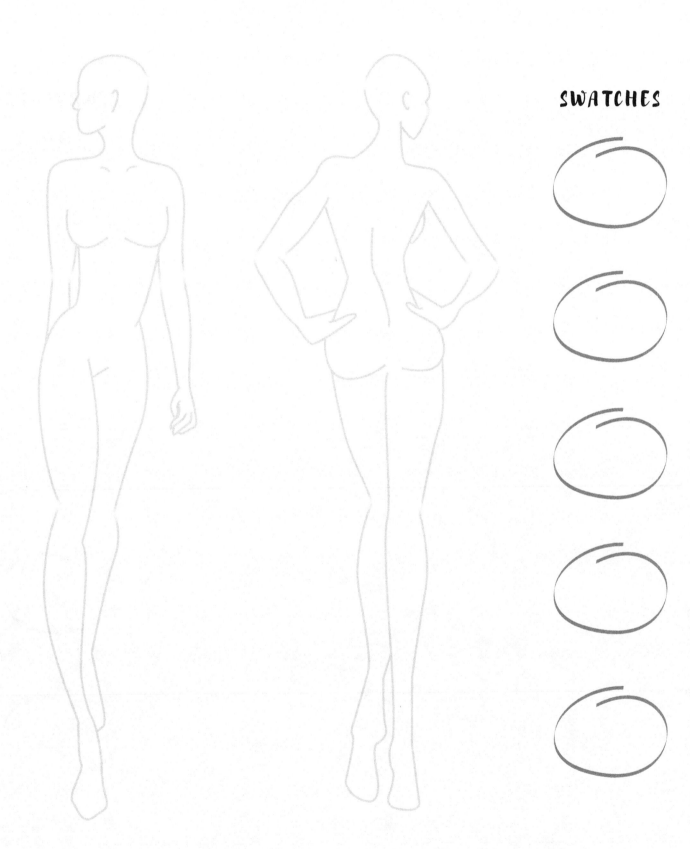

SWATCHES

SWATCHES

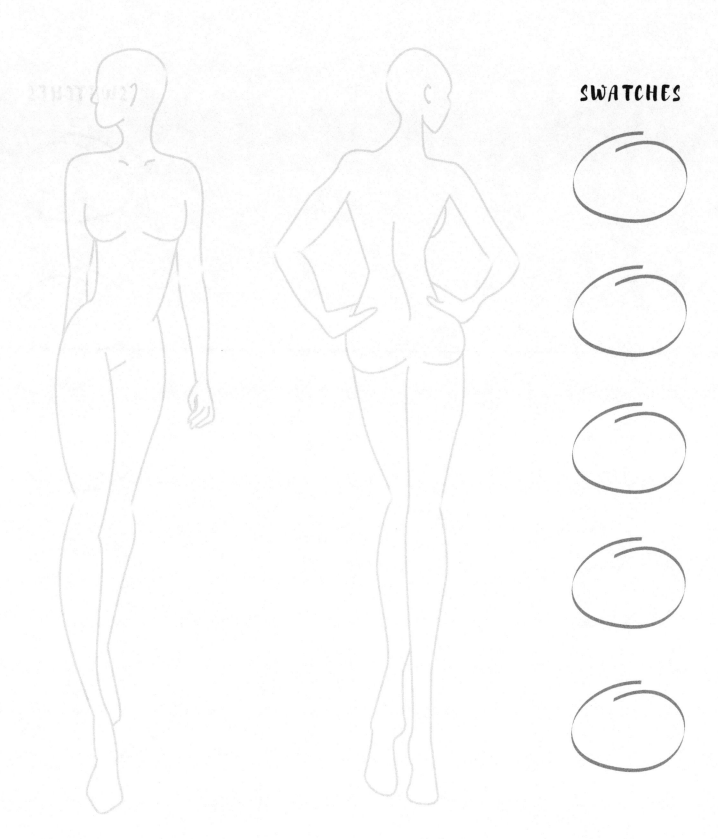

SWATCHES

SWATCHES

SWATCHES

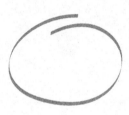

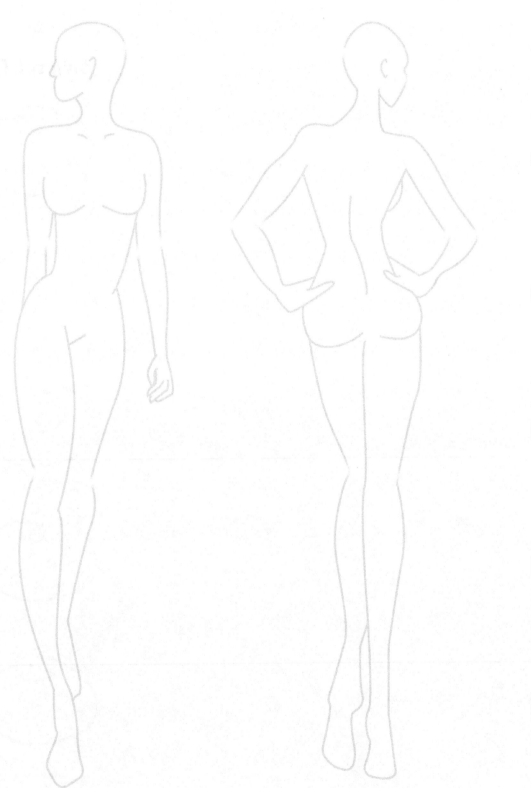

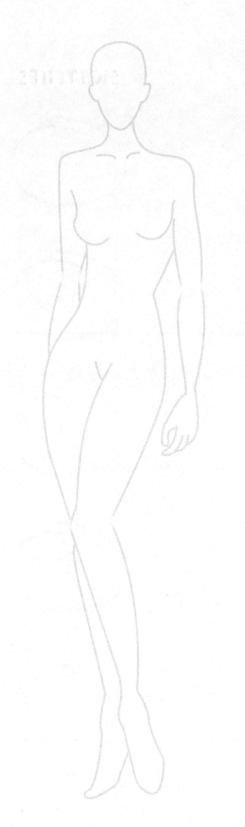

SKETCHES

SWATCHES

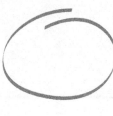

SWATCHES

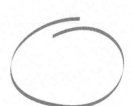

SWATCHES

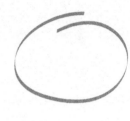

SWATCHES

SWATCHES

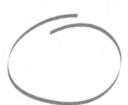

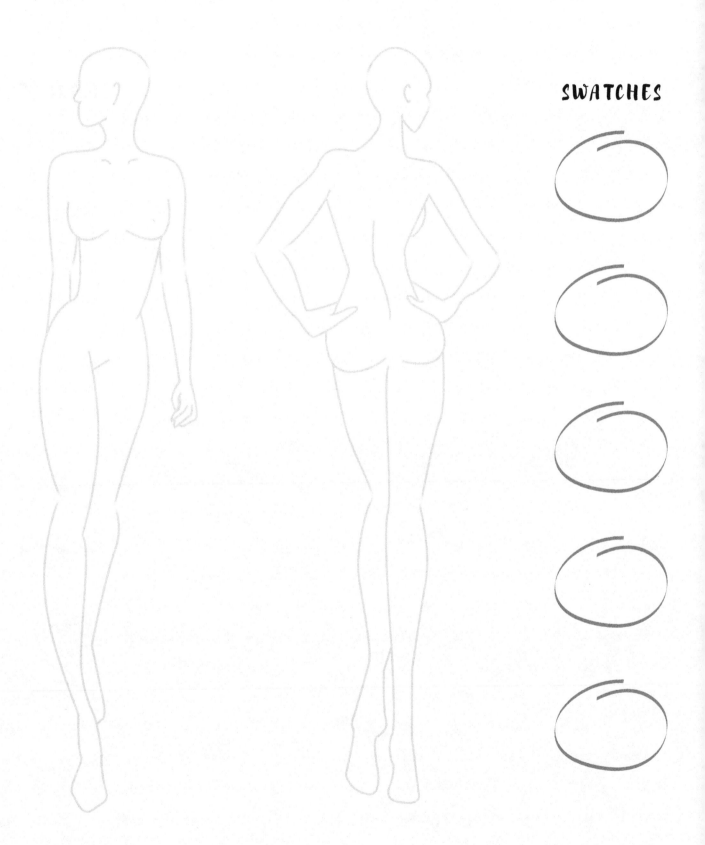

SWATCHES

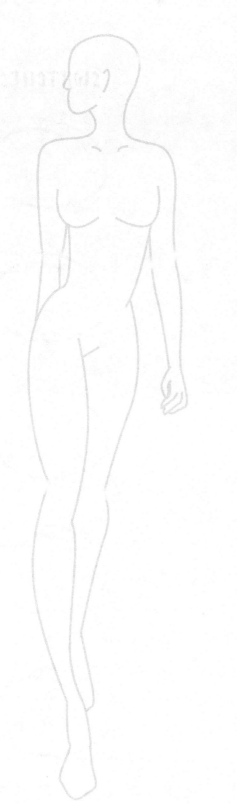

SWATCHES

SWATCHES

SWATCHES

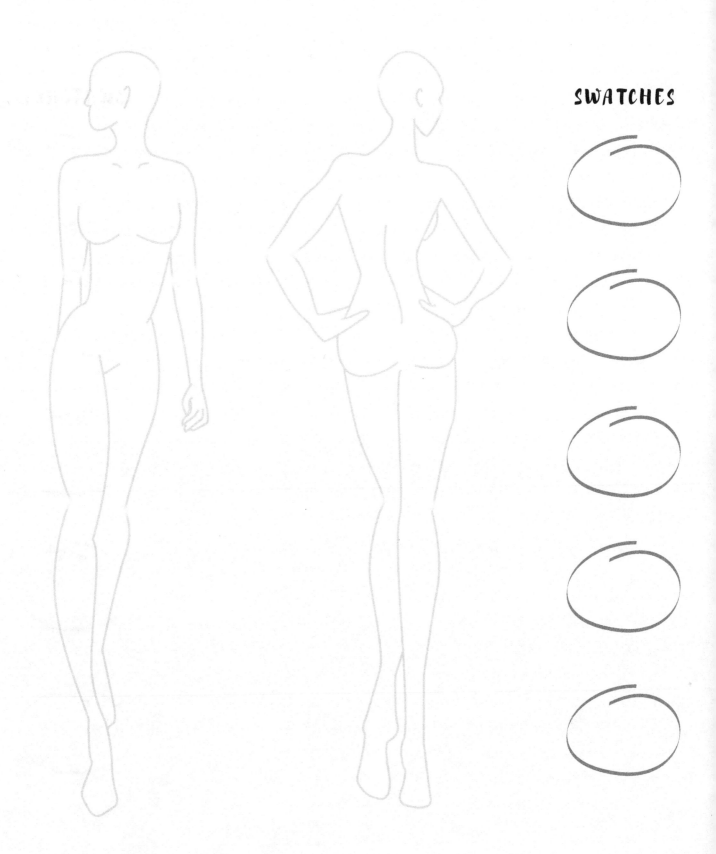

SWATCHES

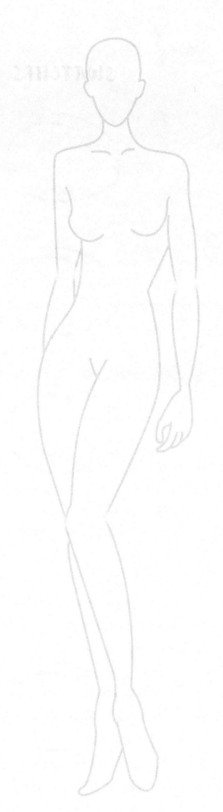

SWATCHES

SWATCHES

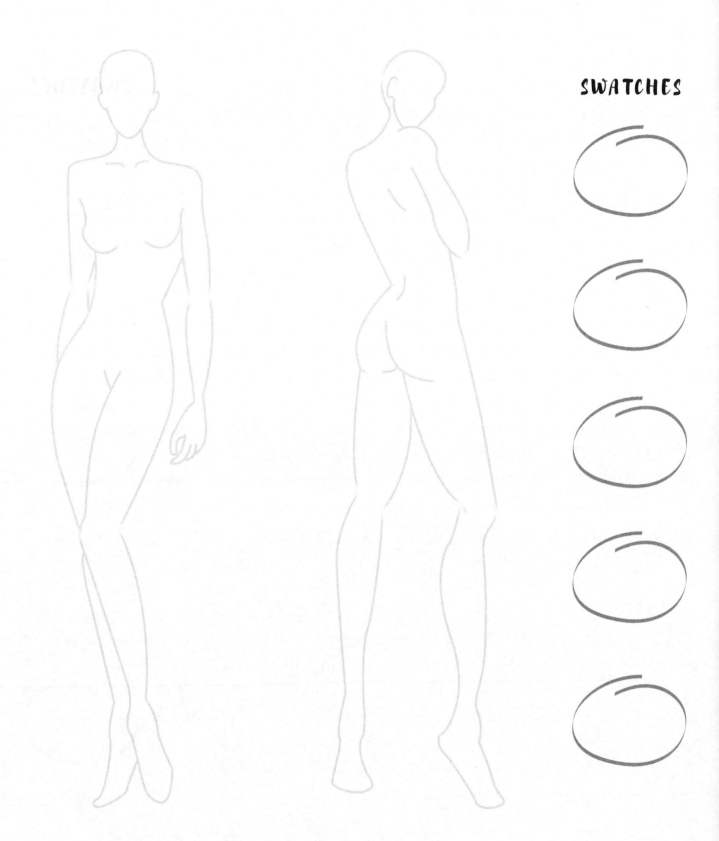

SWATCHES

SWATCHES

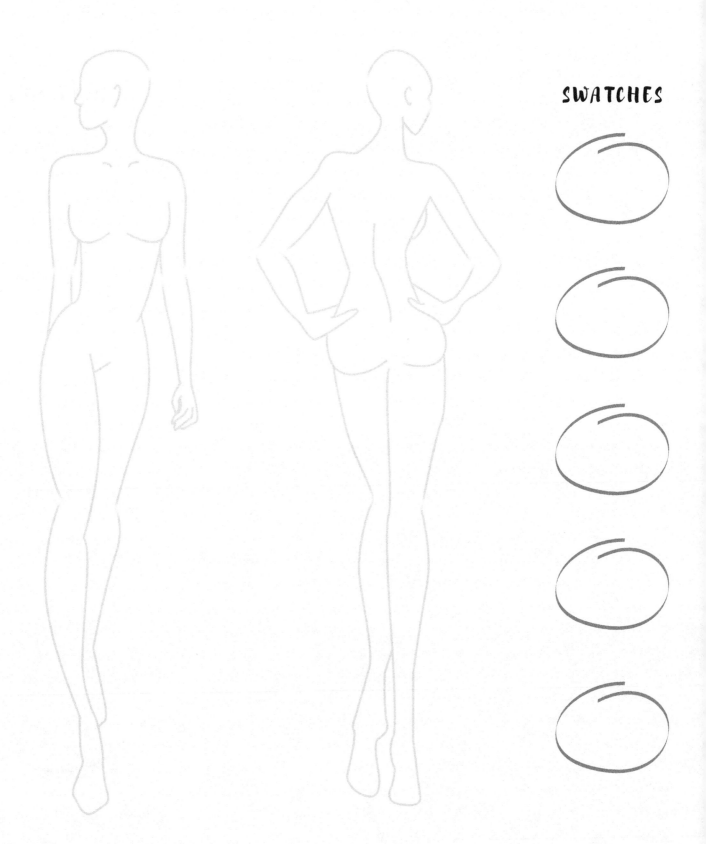

SWATCHES

SWATCHES

SWATCHES

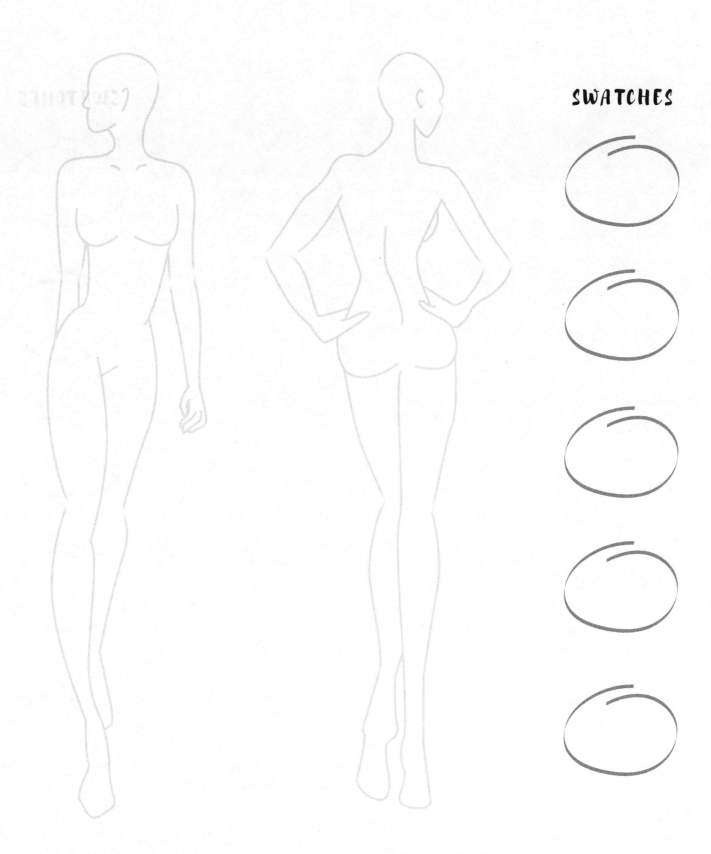

SWATCHES

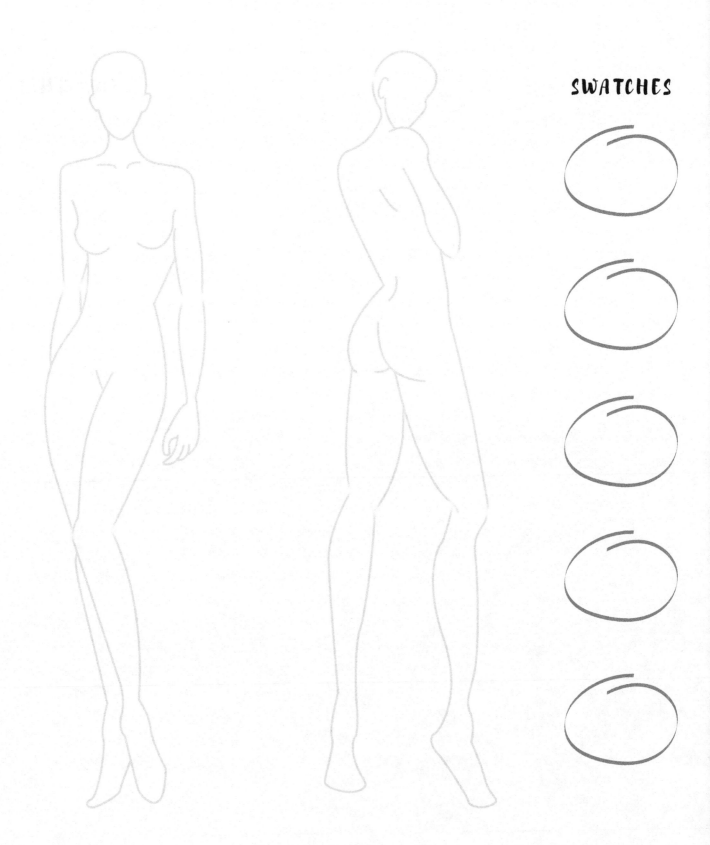

SWATCHES

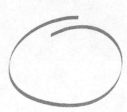

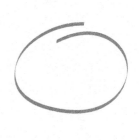

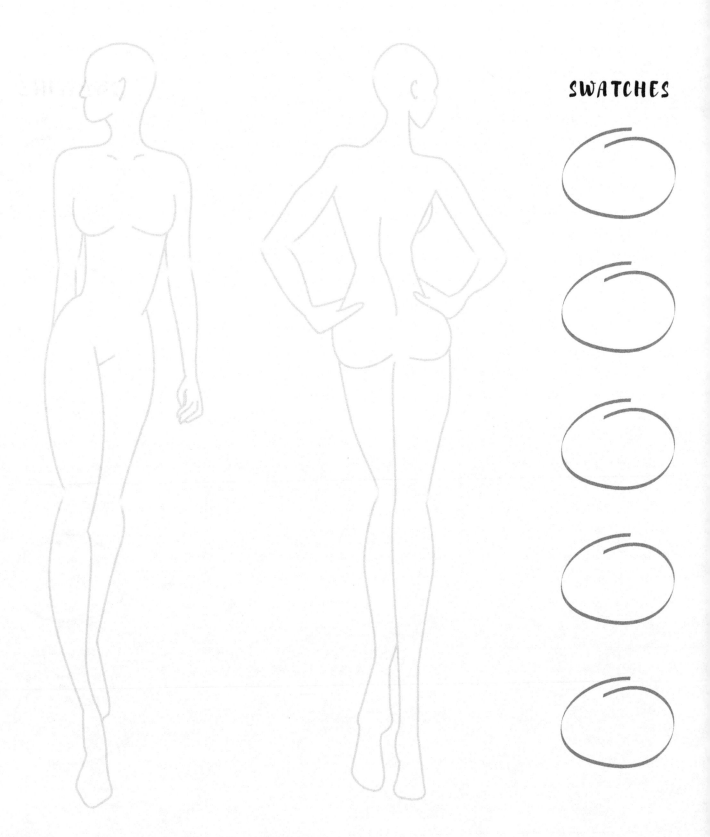

SWATCHES

SWATCHES

SWATCHES

SWATCHES

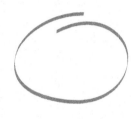

SWATCHES

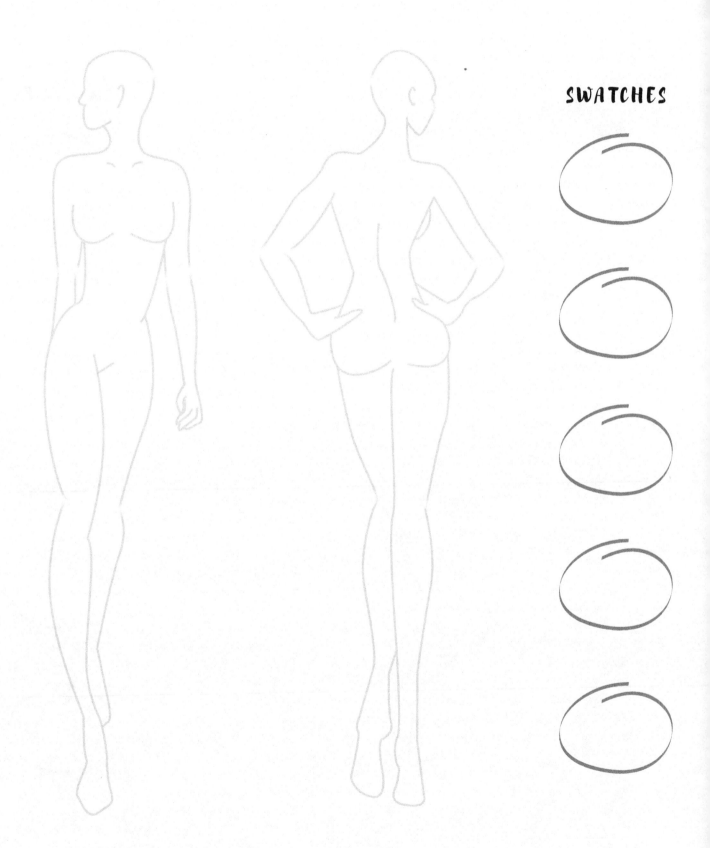

SWATCHES

SWATCHES

SWATCHES

SWATCHES

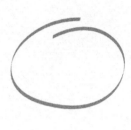

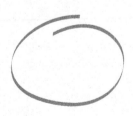

SWATCHES

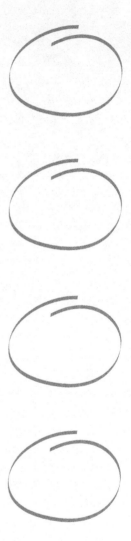

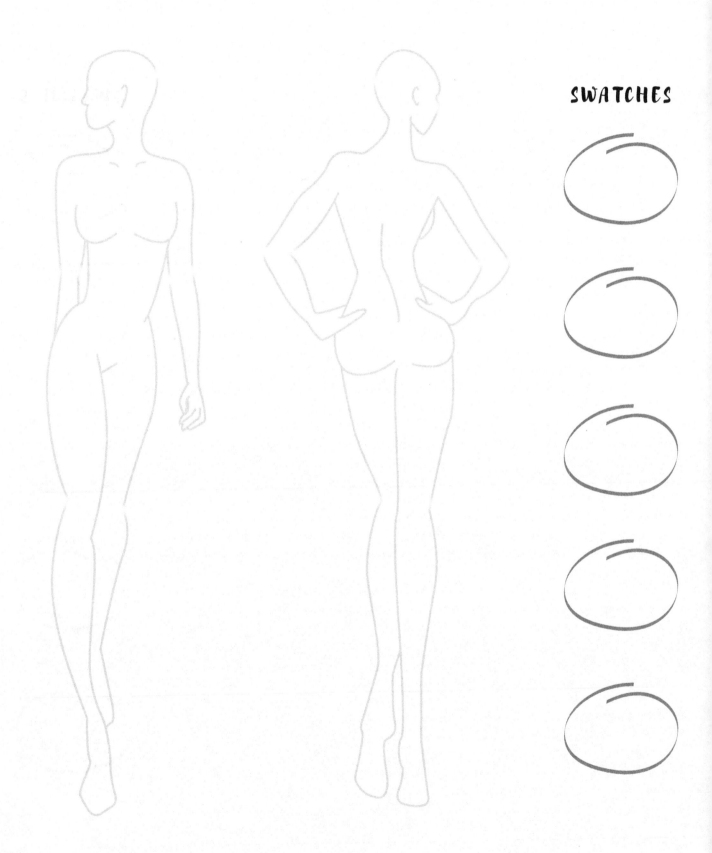

SWATCHES

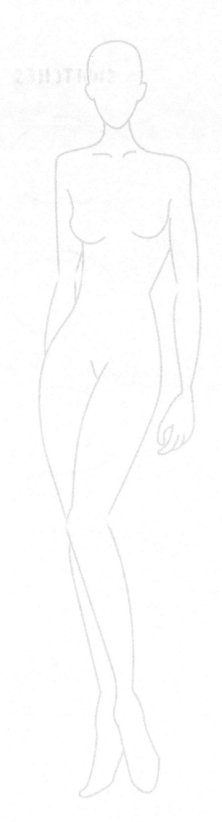

SWATCHES

SWATCHES

SWATCHES

SWATCHES

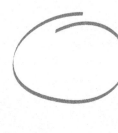

SWATCHES

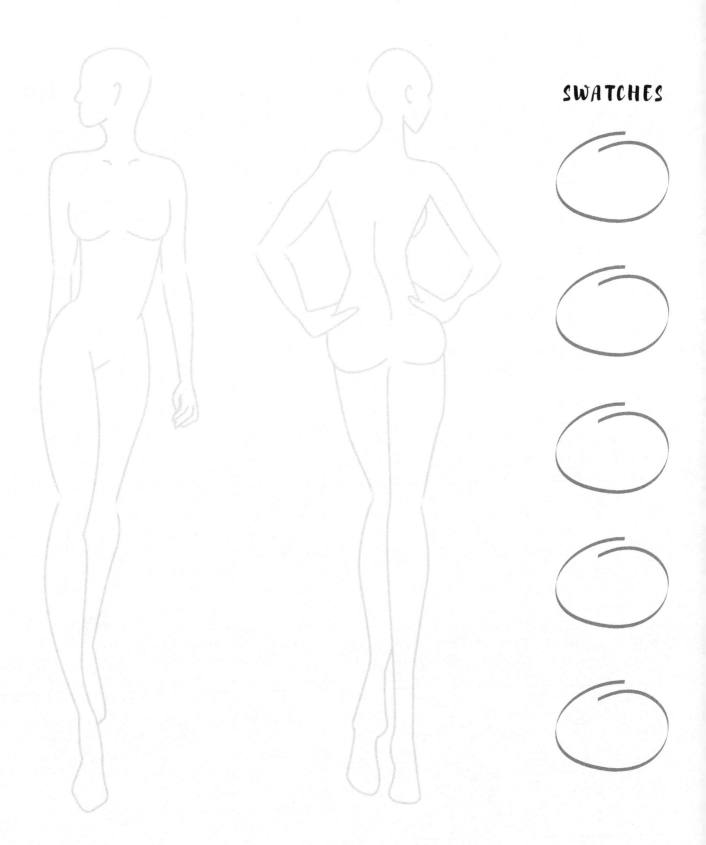

SWATCHES

SWATCHES

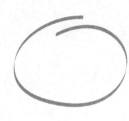

SWATCHES

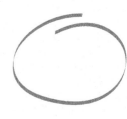

SWATCHES

SWATCHES

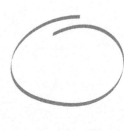

SWATCHES

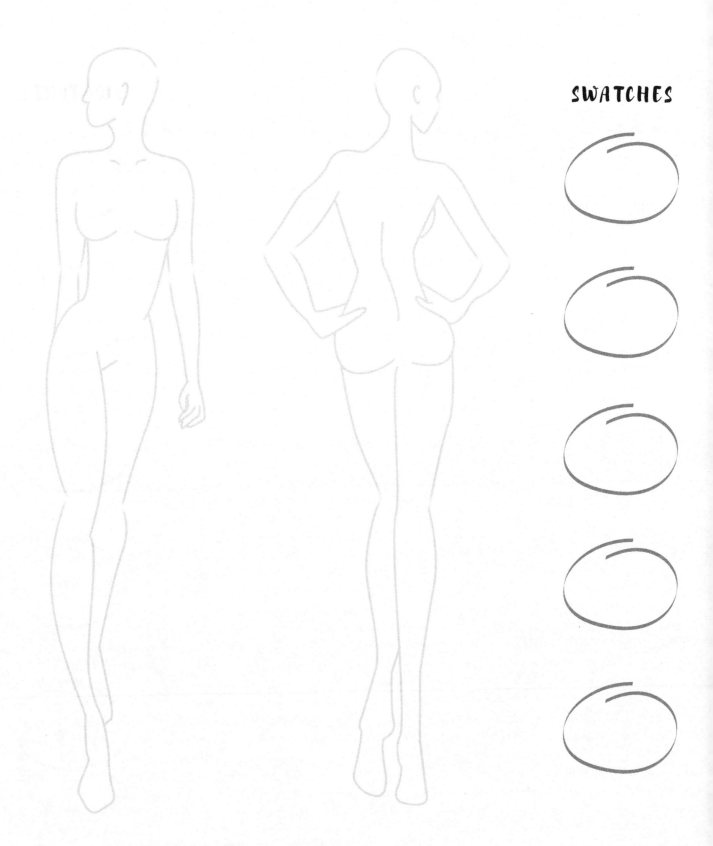

SWATCHES

SWATCHES

SWATCHES

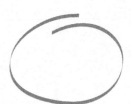

SWATCHES

SWATCHES

SWATCHES

SWATCHES

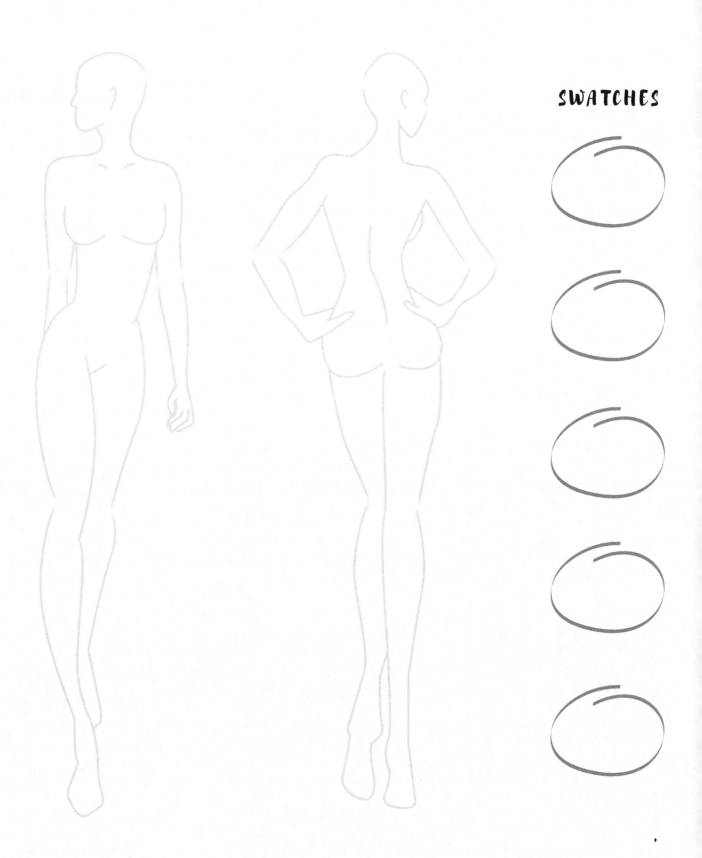

SWATCHES

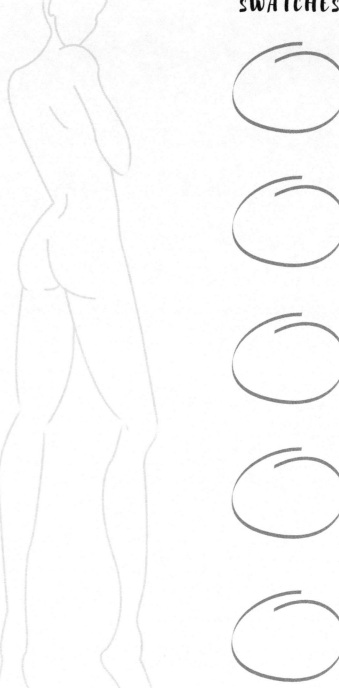

SWATCHES

SWATCHES

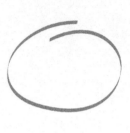

SWATCHES

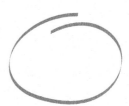

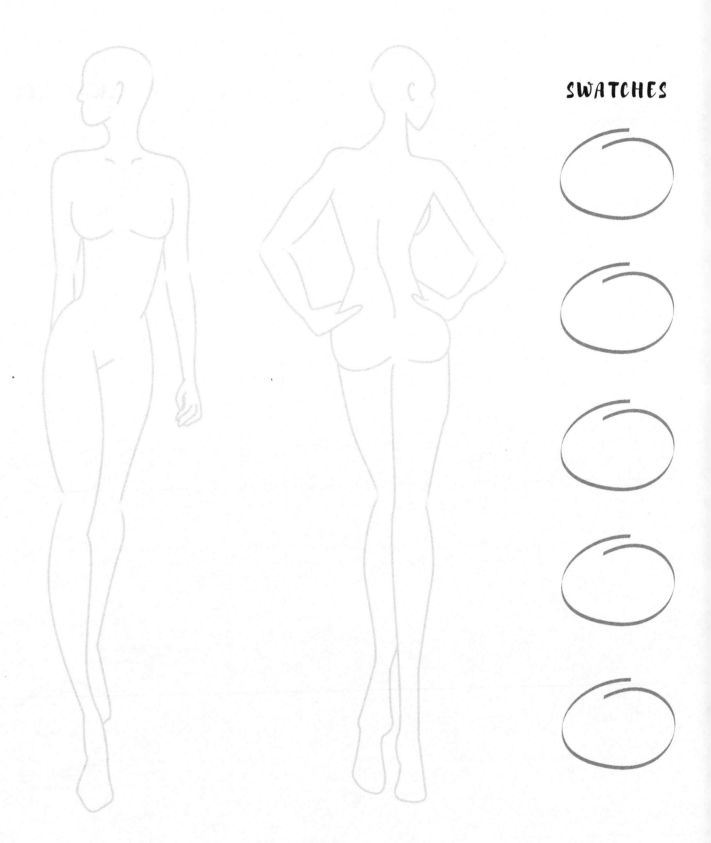

SWATCHES

SWATCHES

SWATCHES

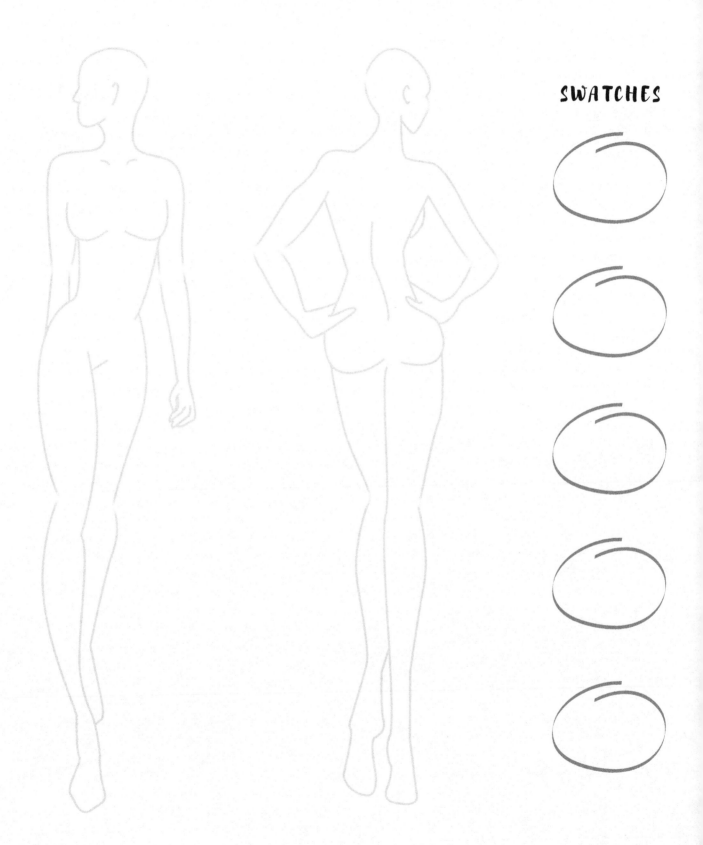

SWATCHES

SWATCHES

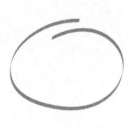

SWATCHES

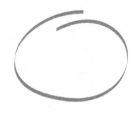

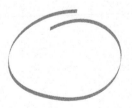

SWATCHES

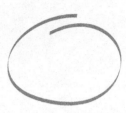

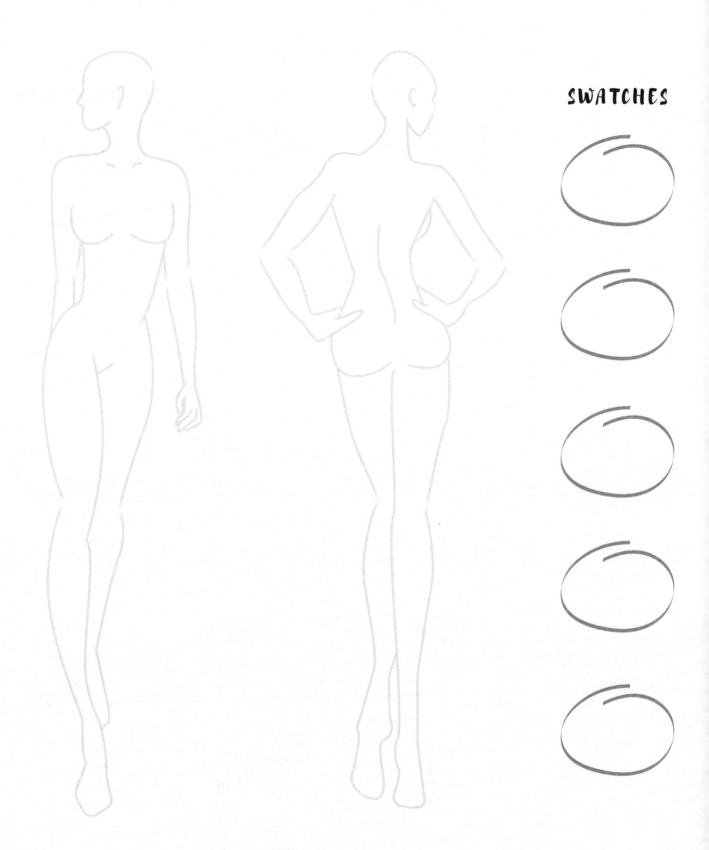

SWATCHES

SWATCHES

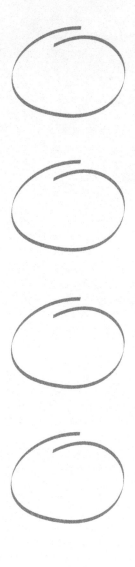

SWATCHES

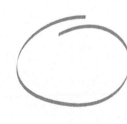

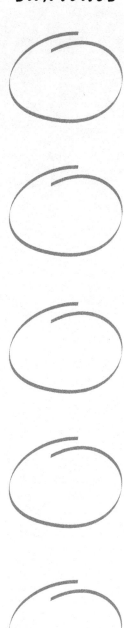

SWATCHES

SWATCHES

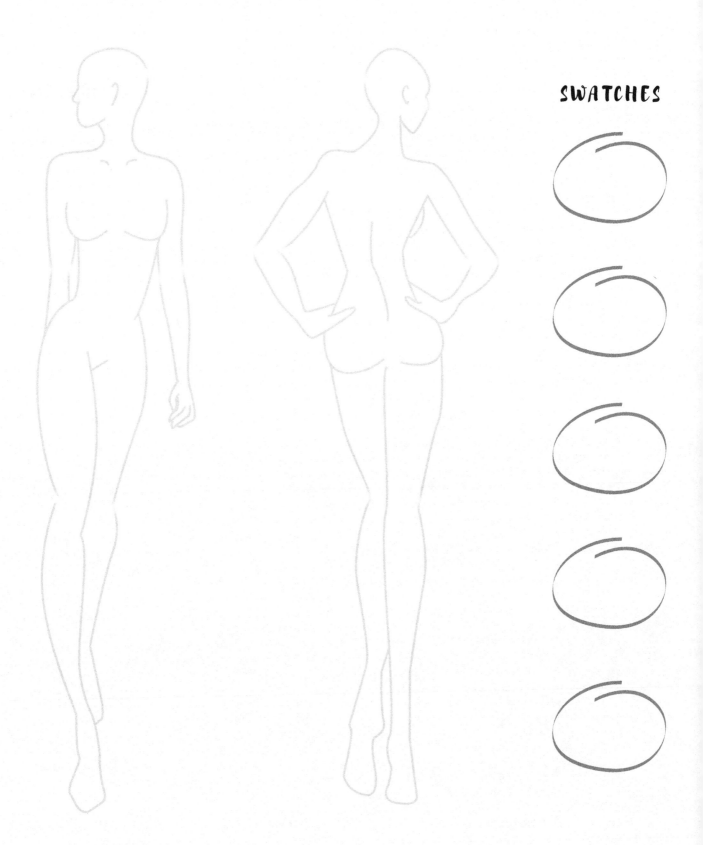

SWATCHES

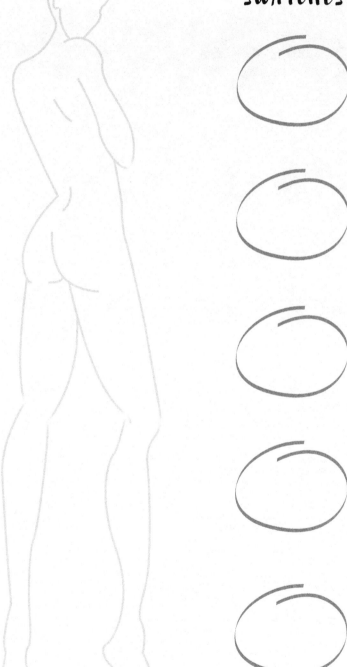

SWATCHES

SWATCHES

SWATCHES

SWATCHES

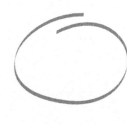

SWATCHES

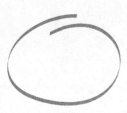

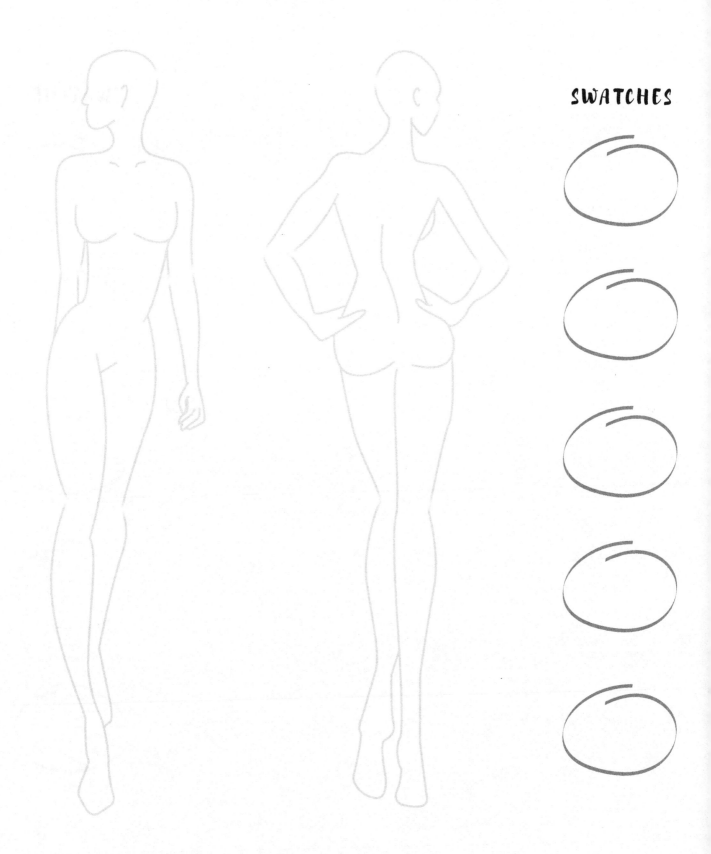

SWATCHES

SWATCHES

SWATCHES

SWATCHES

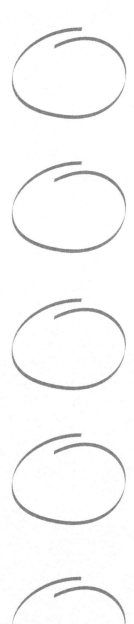

SWATCHES

SWATCHES

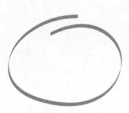

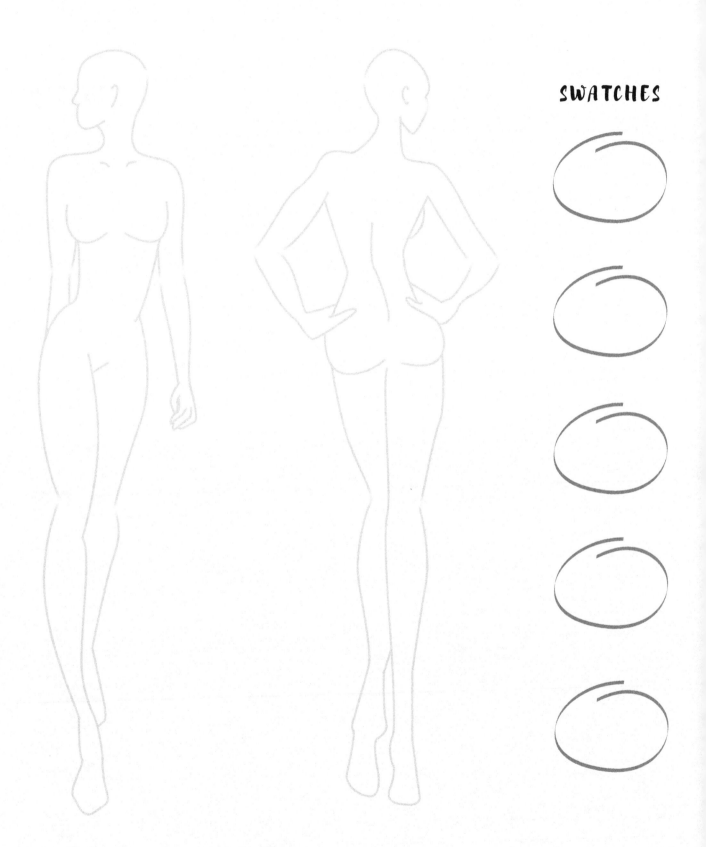

SWATCHES

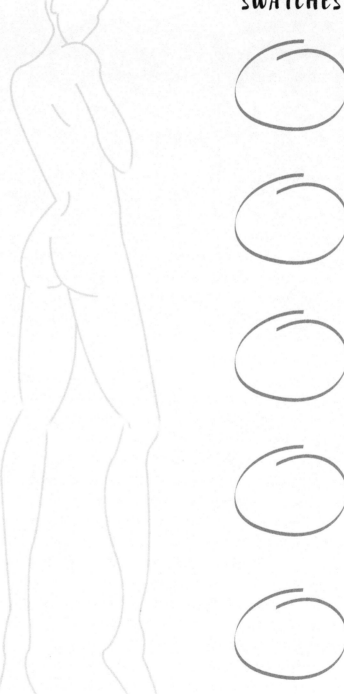

SWATCHES

SWATCHES

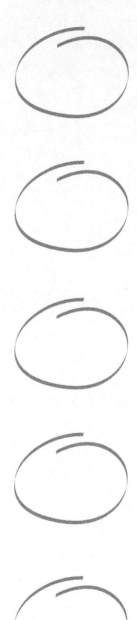

SWATCHES

SWATCHES

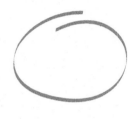

SWATCHES

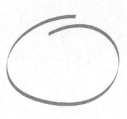

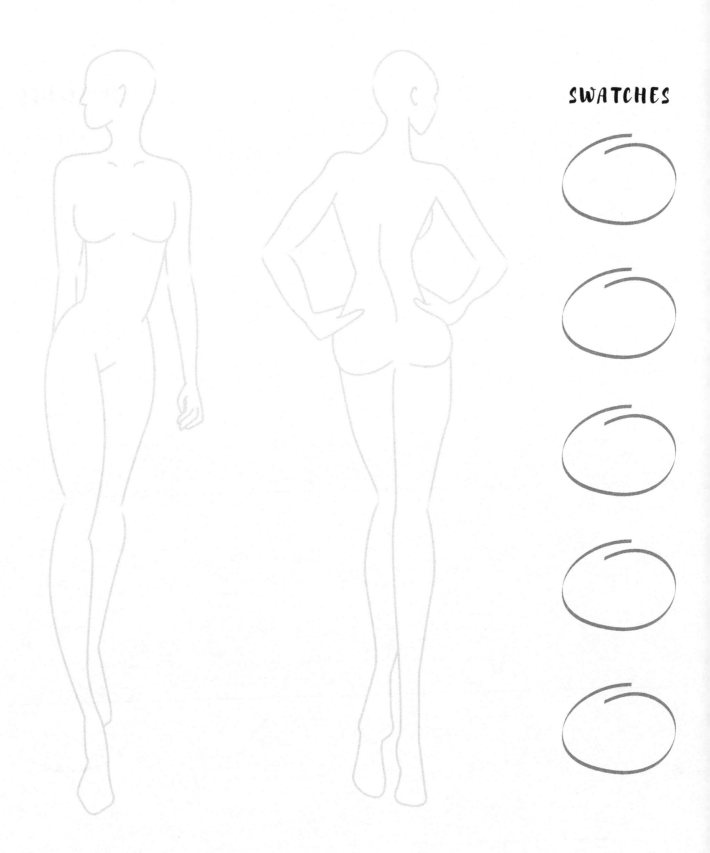

SWATCHES

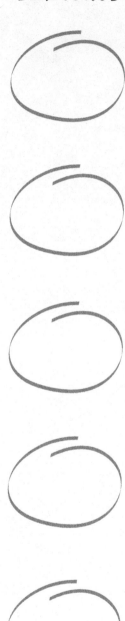

SWATCHES

SWATCHES

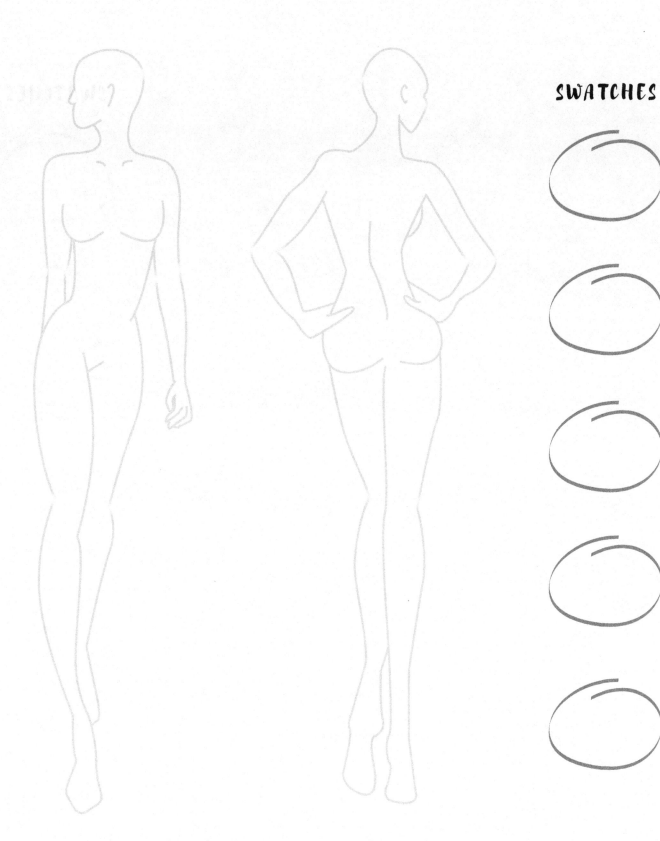

SWATCHES

SWATCHES

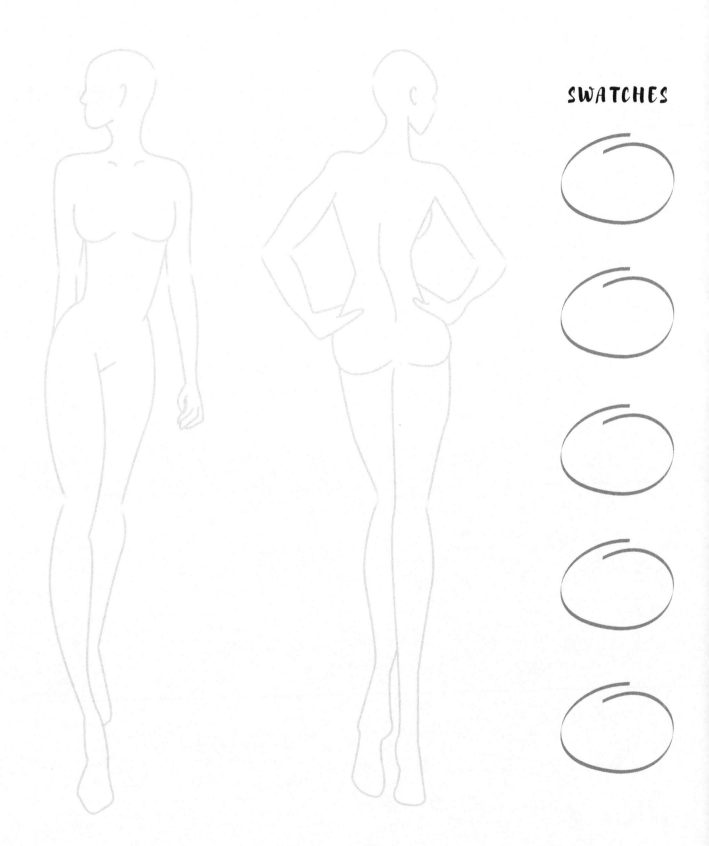

SWATCHES

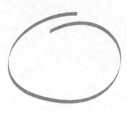

SWATCHES

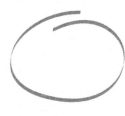

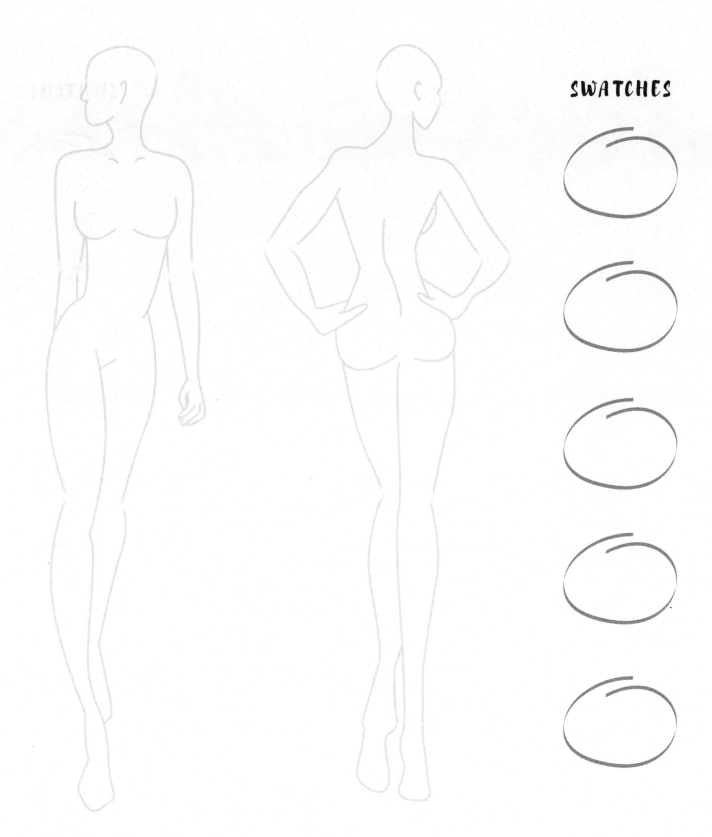

SWATCHES

SWATCHES

SWATCHES

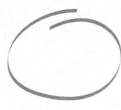

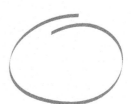

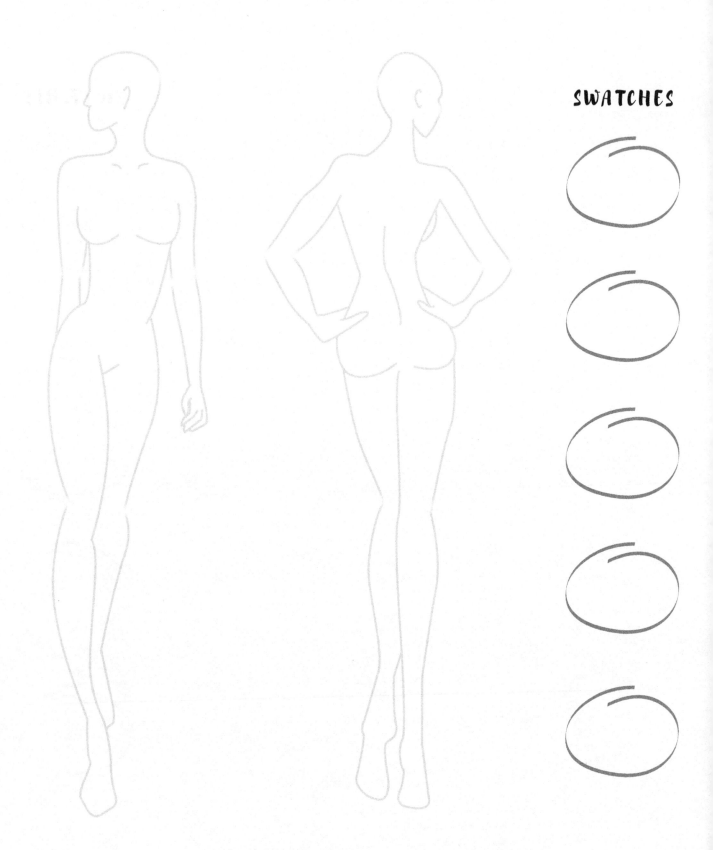

SWATCHES

SWATCHES

SWATCHES

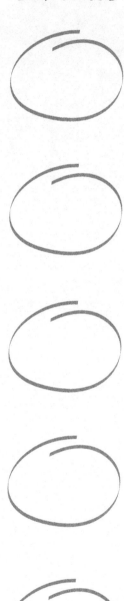

SWATCHES

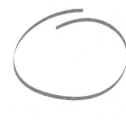

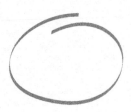

SWATCHES

SWATCHES

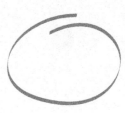

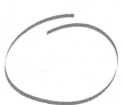

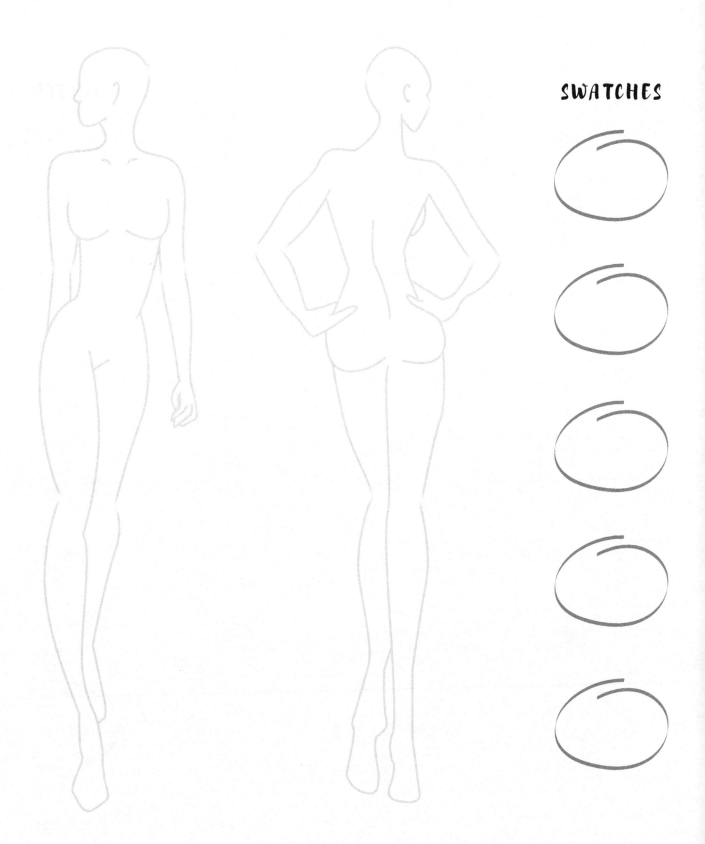

SWATCHES

SWATCHES

SWATCHES

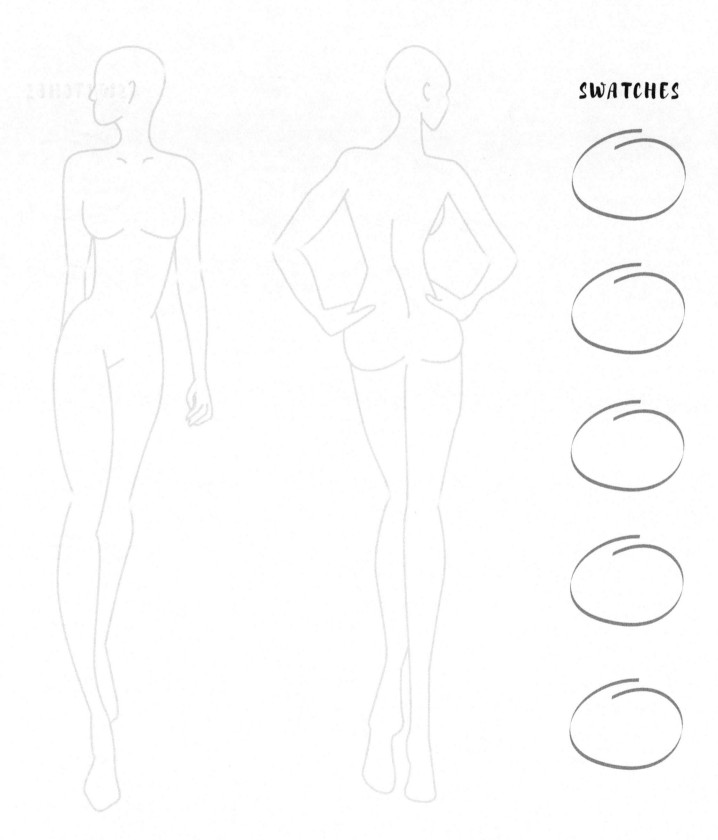

SWATCHES

SWATCHES

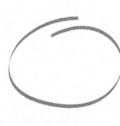

SWATCHES

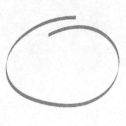

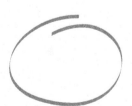

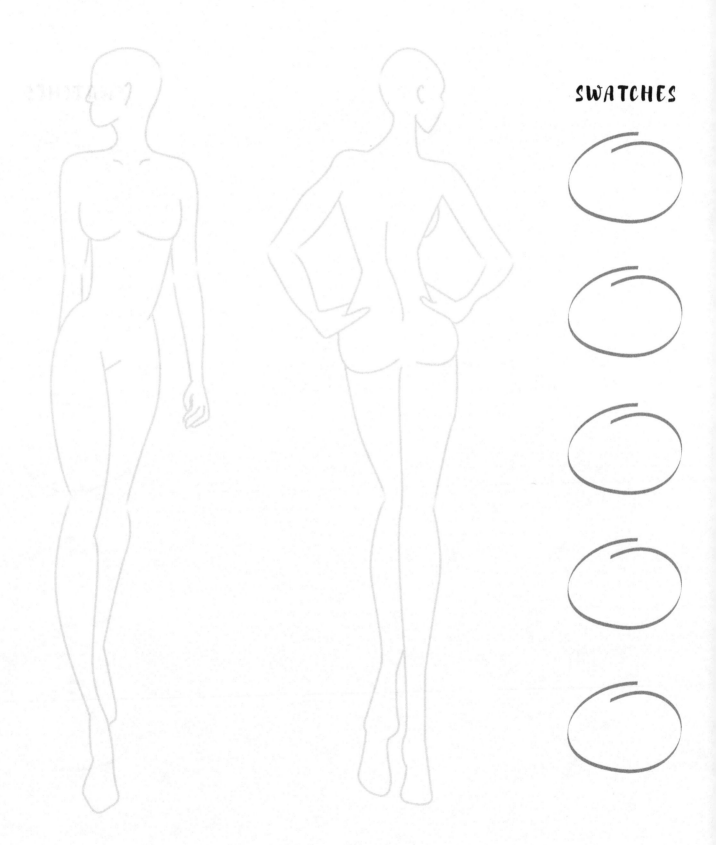

SWATCHES

SWATCHES

SWATCHES

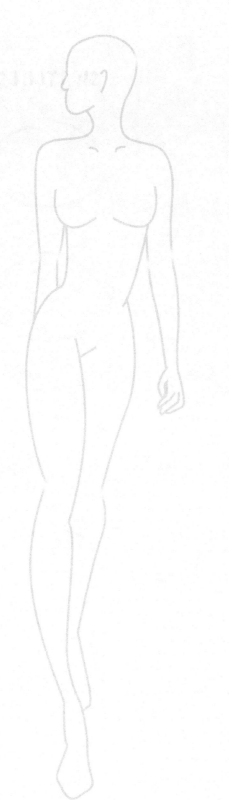

SWATCHES

SWATCHES

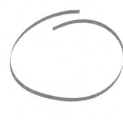

SWATCHES

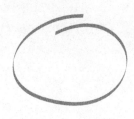

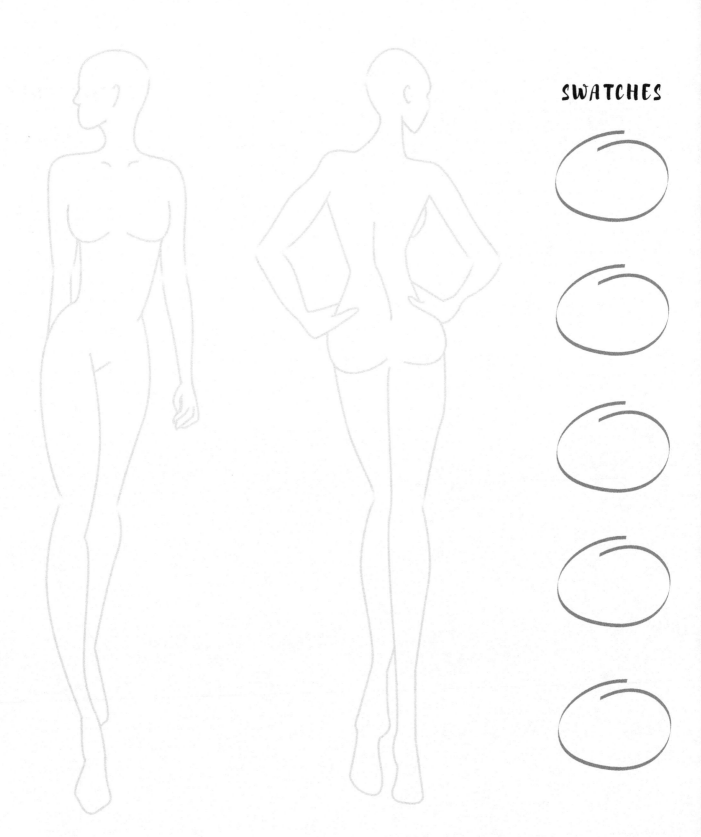

SWATCHES

SWATCHES

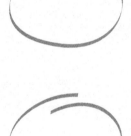

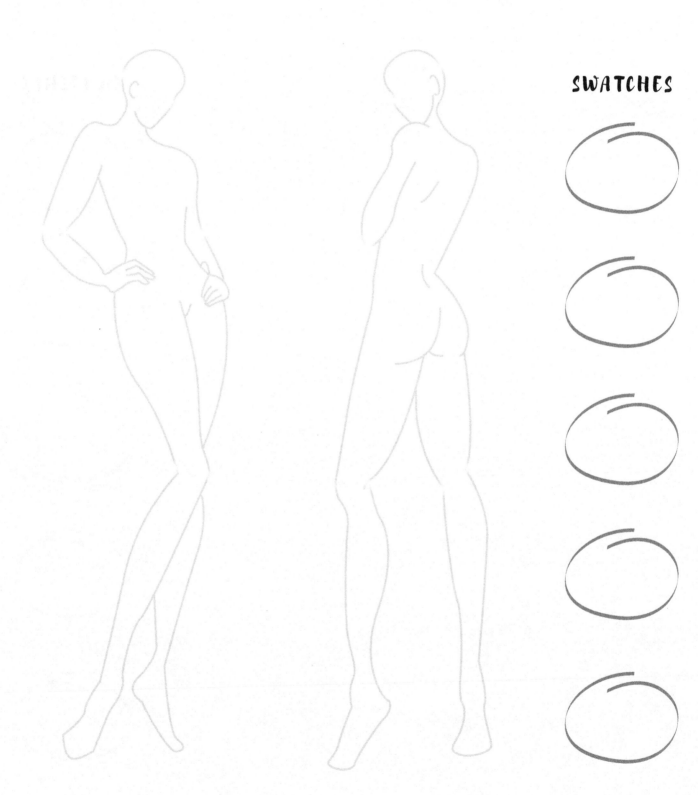

SWATCHES

SWATCHES

SWATCHES

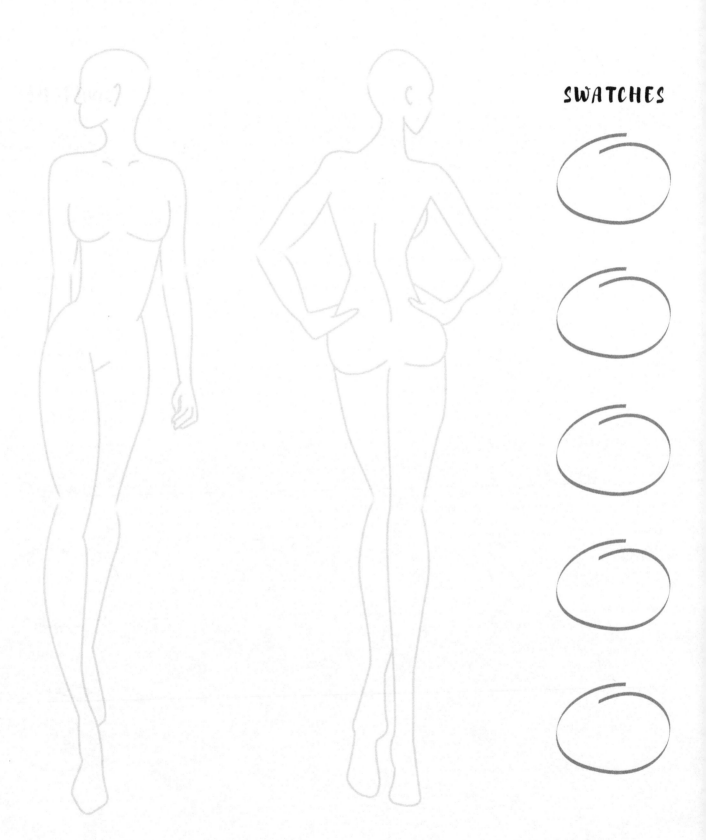

SWATCHES

SWATCHES

SWATCHES

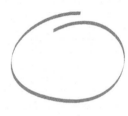

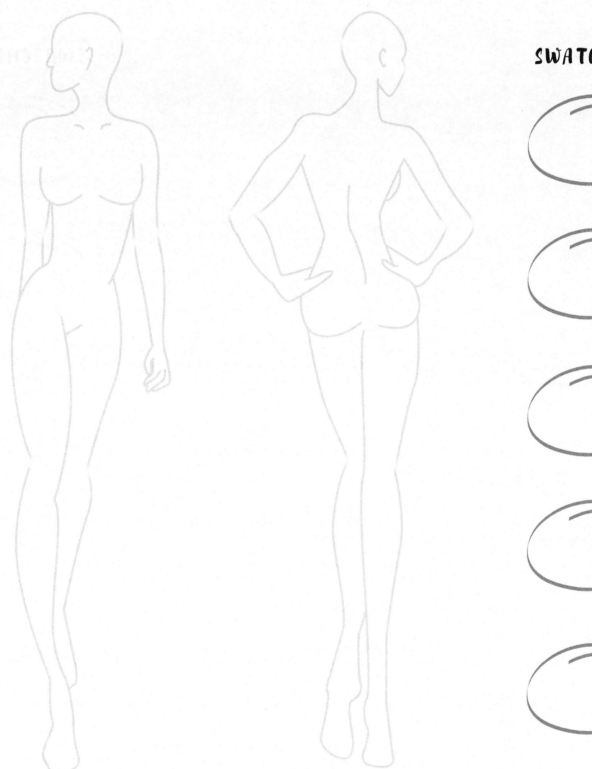

SWATCHES

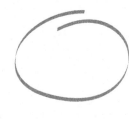

SWATCHES

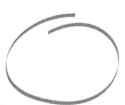

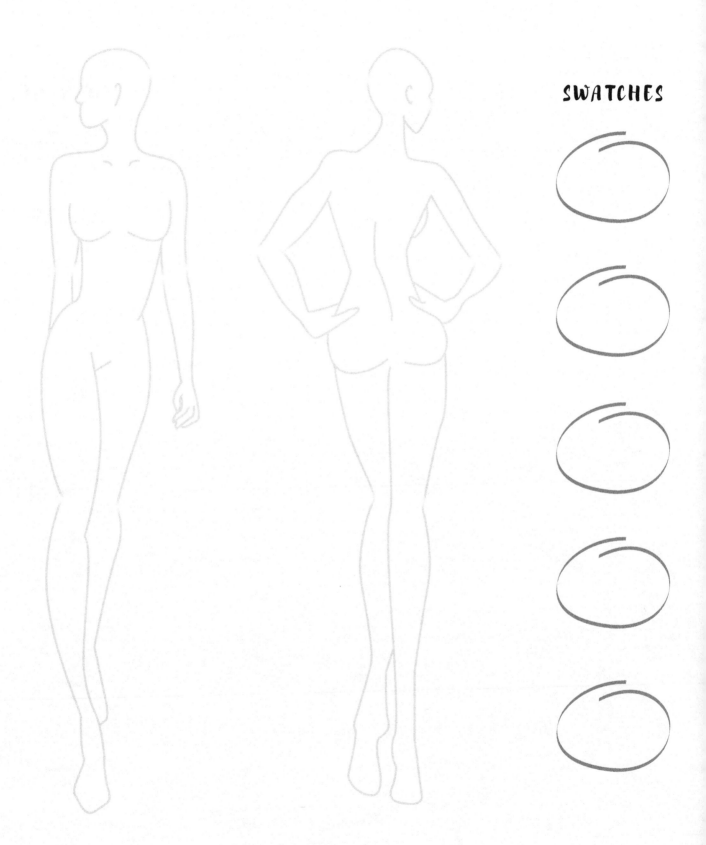

SWATCHES

SWATCHES

SWATCHES

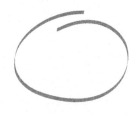

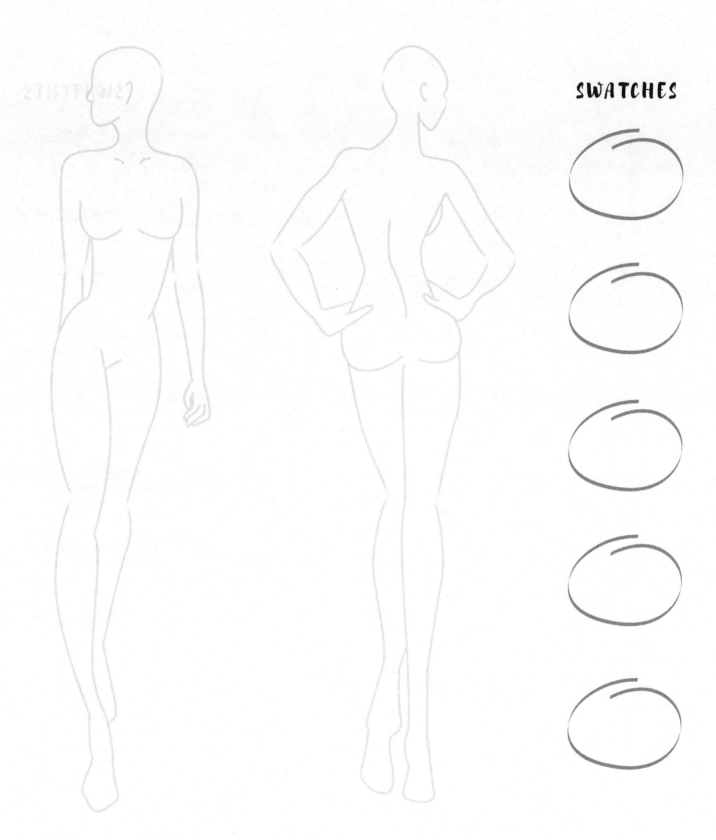

SWATCHES

SWATCHES

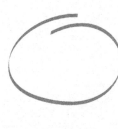

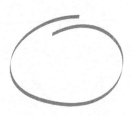

SWATCHES

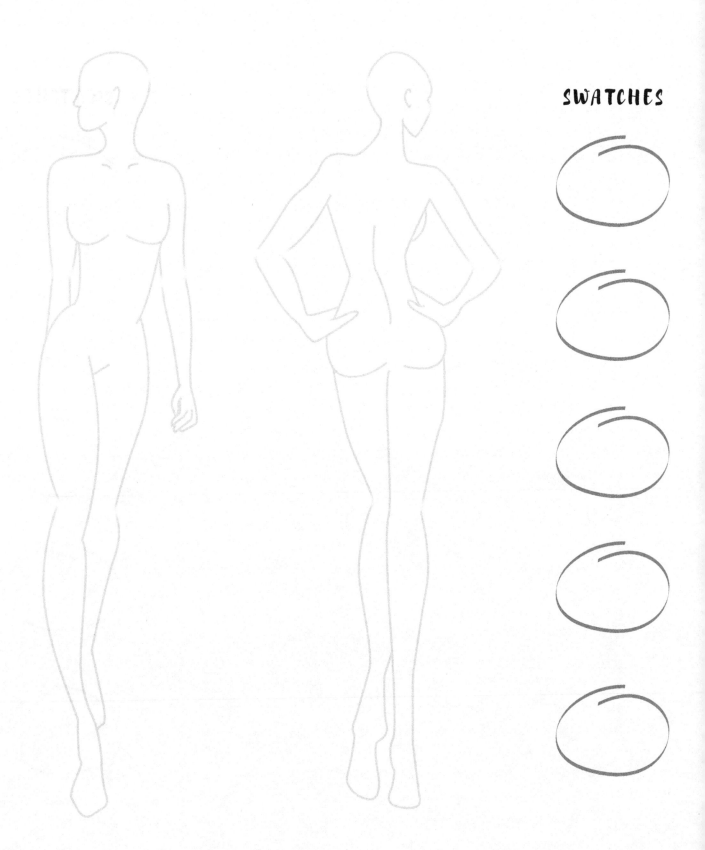

SWATCHES

SWATCHES

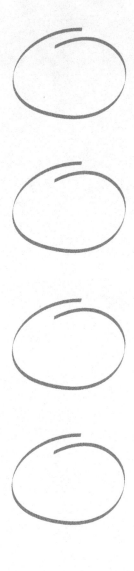

SWATCHES

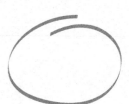

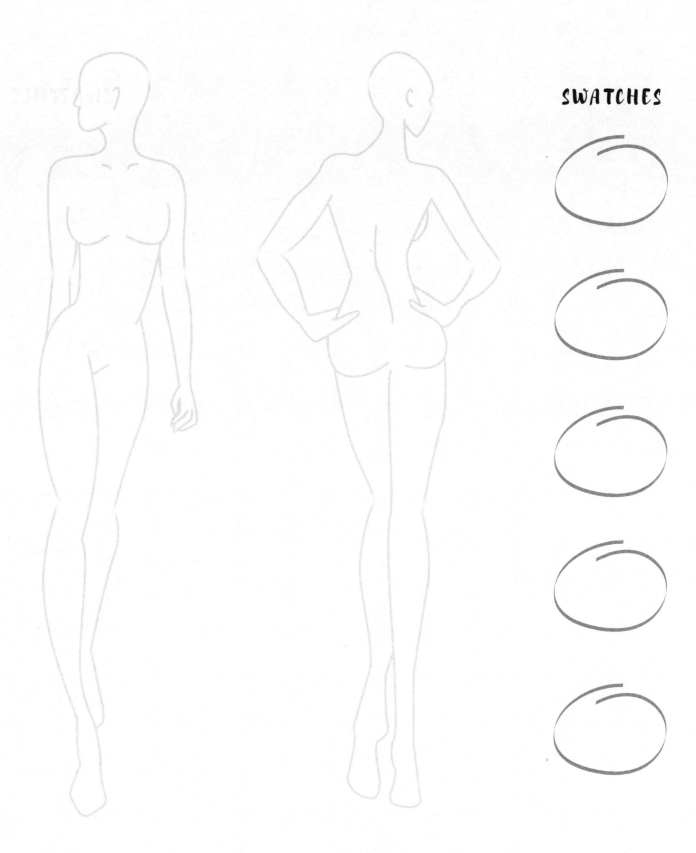

SWATCHES

SWATCHES

SWATCHES

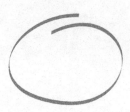

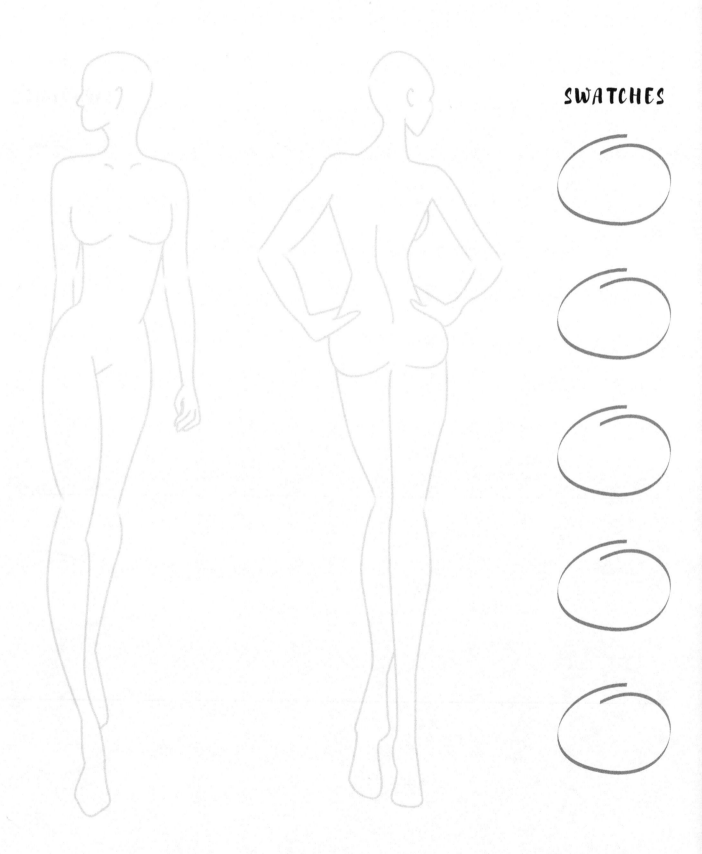

SWATCHES

SWATCHES

SWATCHES

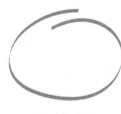

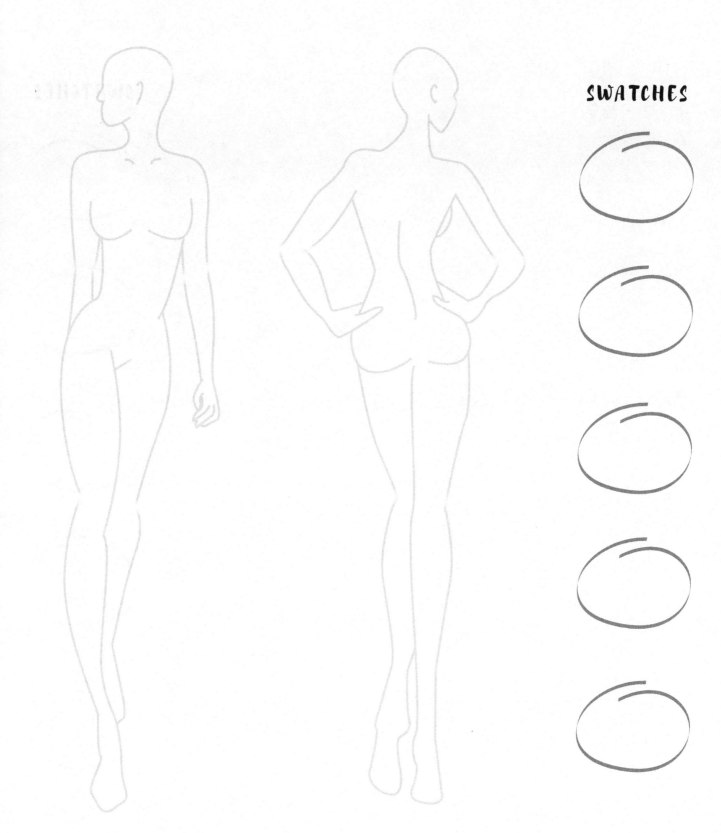

SWATCHES

SWATCHES

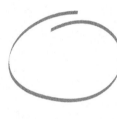

SWATCHES

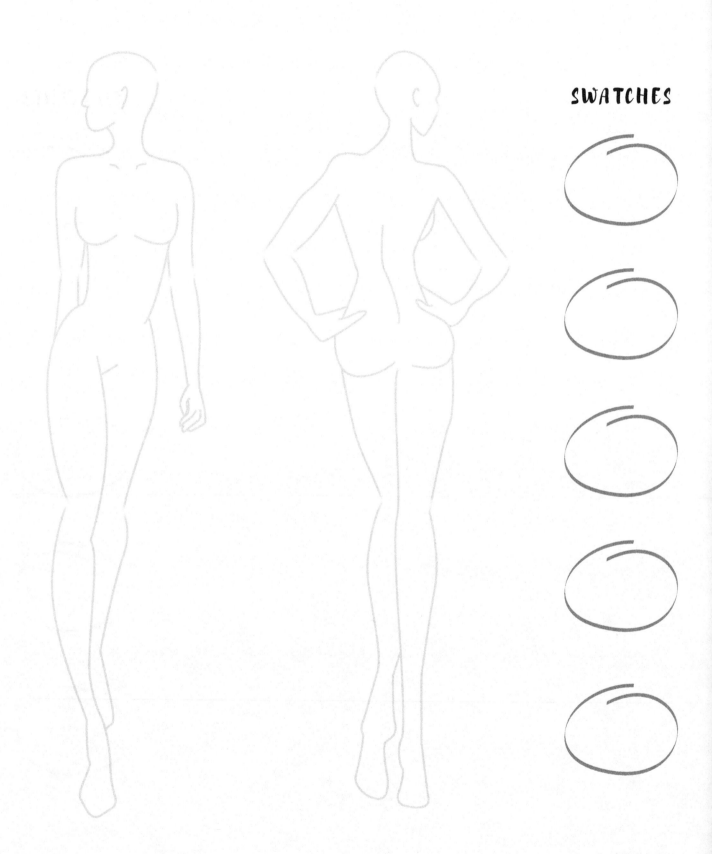

SWATCHES

SWATCHES

SWATCHES

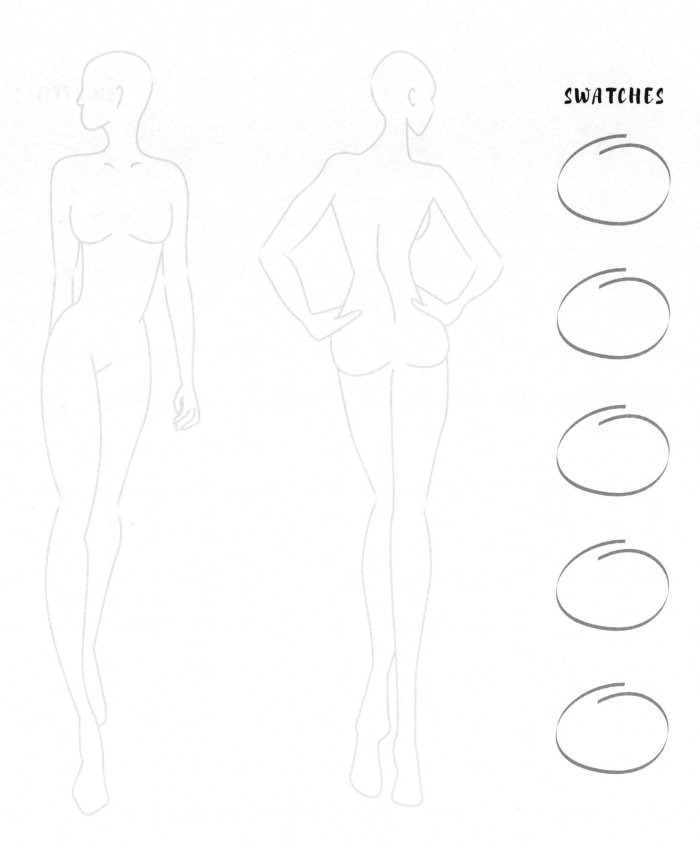

SWATCHES

SWATCHES

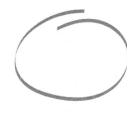

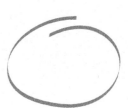

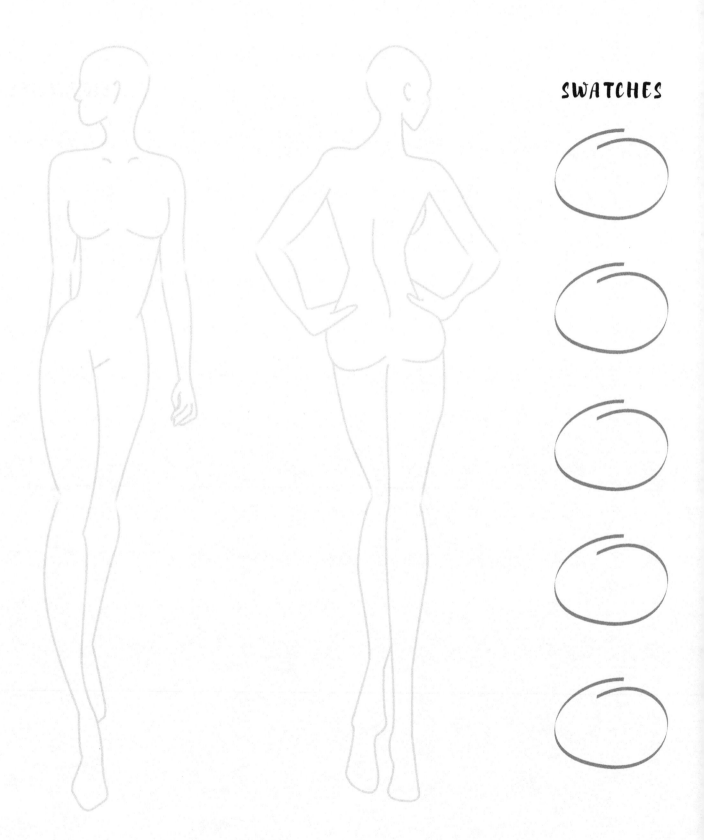

SWATCHES

SWATCHES

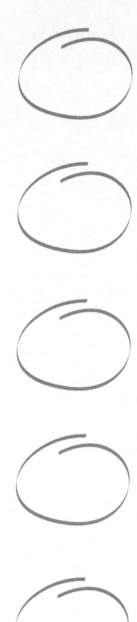

SWATCHES

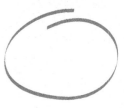

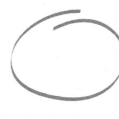

SWATCHES

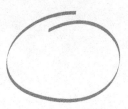
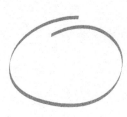

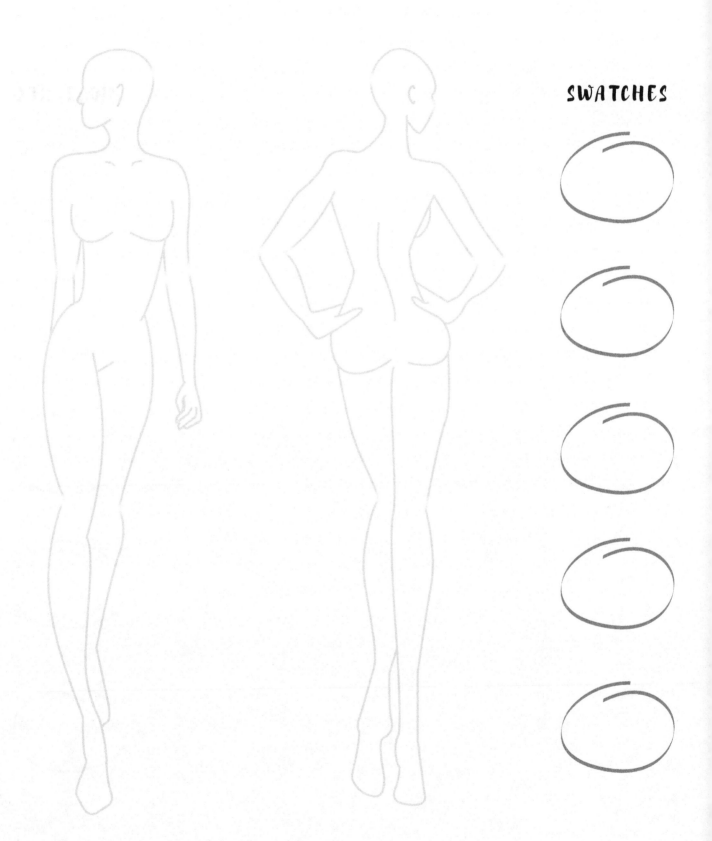

SWATCHES

SWATCHES

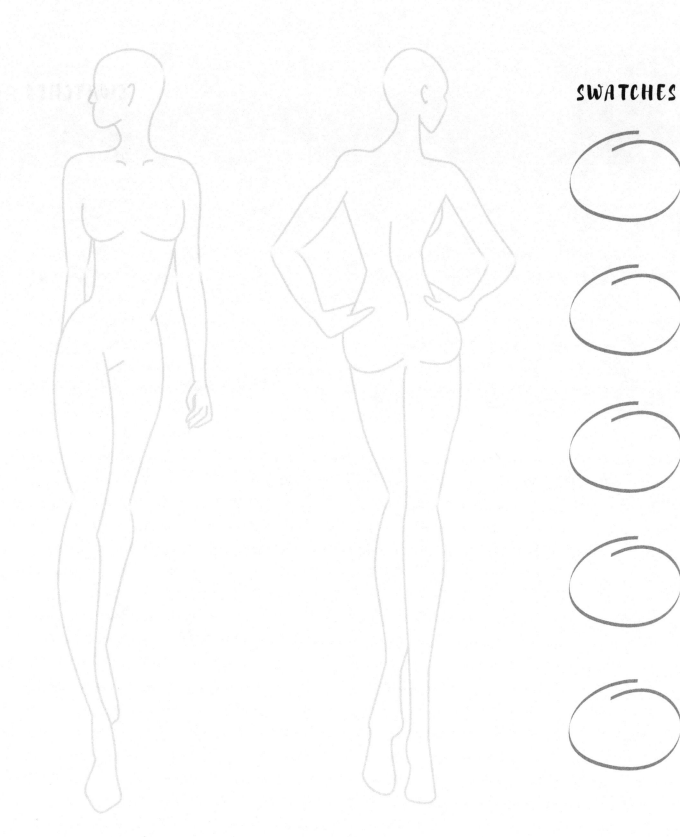

SWATCHES

SWATCHES

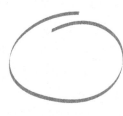

SWATCHES

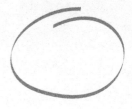

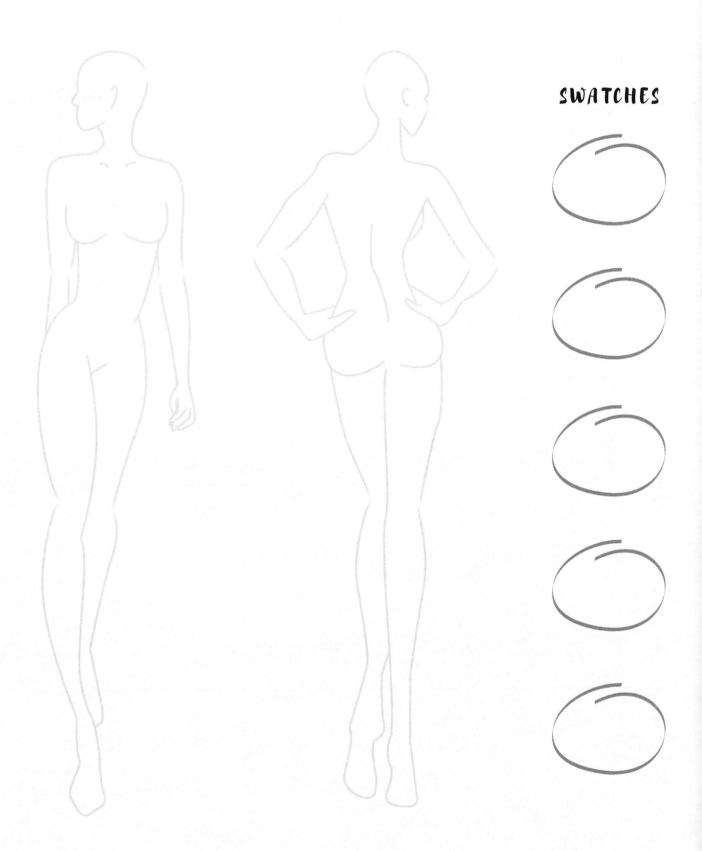

SWATCHES

SWATCHES

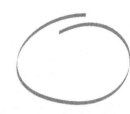

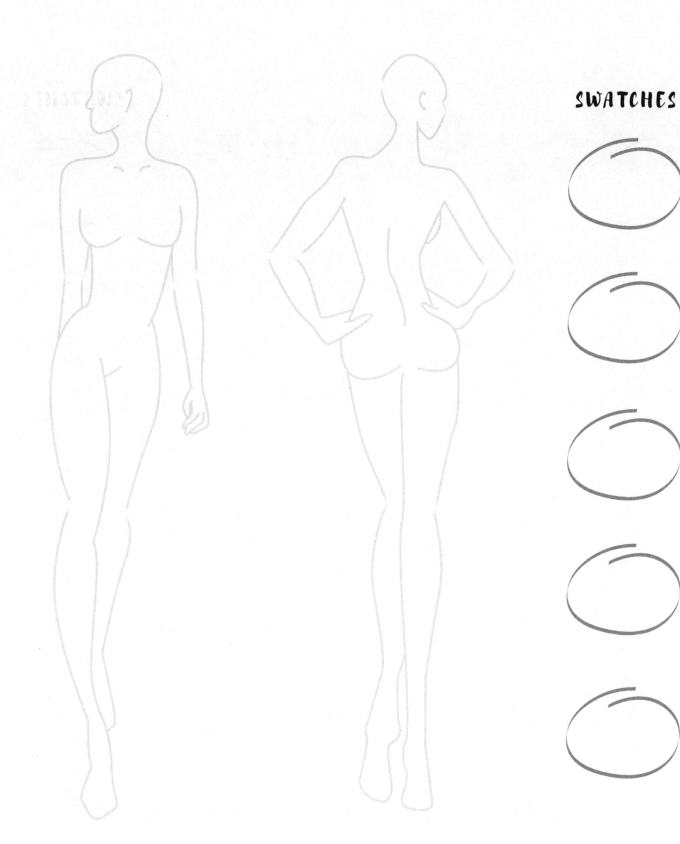

SWATCHES

SWATCHES

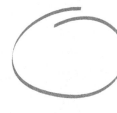